Ulrich Schaffer
Leuchtende Natur

Ulrich Schaffer

Leuchtende Natur

Inspiration zum Leben

HERDER
FREIBURG · BASEL · WIEN

© Verlag Herder GmbH, Freiburg im Breisgau 2016
Alle Rechte vorbehalten
www.herder.de

Texte und Fotografien: Ulrich Schaffer
Schriftgrafiken: Ulrich Schaffer
Gesamtgestaltung und Satz: Ulrich Schaffer
Autorenfoto: Uli Kunz

Herstellung: Graspo CZ a.s., Zlín
Printed in the Czech Republic

ISBN 978-3-451-32981-4

Leuchtende Natur

Wohl jeder Mensch hat schon erlebt, wie die Natur leuchtet, wie sie mit Licht überrascht oder wie ihre Stille Entspannung bringt. Von der Natur geht etwas Heilendes aus. Sie bringt den Menschen sich selbst näher. Sie ist Inspiration, weil sie etwas in uns weckt, das uns weiterführt. Wenn wir uns auf die Natur einlassen, verlangsamen wir unser Leben und können auf den stillen Grund sinken, wo wir wieder zu uns finden.

Den großen Schaffer-Kalender gibt es mittlerweile im 34. Jahr. Für dieses Buch habe ich einige der schönsten Kalenderbilder der letzten Jahre ausgewählt.

Sie werden ergänzt durch neuere Bilder, die bisher in den Kalendern noch nicht erschienen sind. Es handelt sich um die besten Bilder, die ich im Laufe meines Lebens aufgenommen habe.

Mit meinen Bildern und Texten möchte ich Sie ermutigen, die eigenen Weisheiten zu entdecken und auf den eigenen inneren Lehrer zu hören. Auf unsere innere Stimme ist Verlass und jedes Leben ist entwicklungsfähig. Immer gibt es noch Neues zu finden und manches lässt das Leben besser gelingen.

Ich wünsche Ihnen gute Erfahrungen mit der Inspiration durch die Natur.
Sie gehört zu den größten Geschenken des Lebens an uns.

Ulrich Schaffer

Ulrich Schaffer in Gibsons im Frühjahr 2016

*Aufschauen,
die Möglichkeiten sehen
in der festen Entscheidung
für das Leben,
überall.*

Unser Wunsch

nach Weite und Ferne

entspricht unserer inneren Größe.

Unser Wesen

will Grenzen überschreiten.

Glück: zu wissen,
dass die meisten Zustände sich verändern
und dass das Leben ein Fluss ist,
in den wir nie zweimal treten.
Ganz gleich, wie alt wir sind –
wir entstehen noch.
In uns und um uns
gibt es noch etwas zu gestalten.

*Manchmal
ist gerade das Unnötige nötig,
das Zweckfreie befreiend
und das Unscheinbare
besonders schön.*

Lass,

was du nicht bist.

Heftig, laut und bedrohlich
oder zart, vorsichtig und sanft
zeigt sich die Welt.
Alles ist Herausforderung
und Zuspruch.
Alles redet mit uns.

Manchmal liegt ein Schatz
neben unserem Weg,
versteckt in einem Menschen,
einem Gedanken,
in etwas Unscheinbarem.
Welch ein Glück,
den Wert dann zu erkennen
und den Schatz aufzuheben.

Manchmal sehen wir nur,
was vor unseren Augen liegt.
Aber das ist nur ein Gleichnis –
dahinter liegt das große Muster,
die tiefere Dimension.
Auch was wir von uns selbst kennen,
ist nur ein kleiner Anfang.

Sind wir bereit,

so zu träumen,

dass die Hoffnung wieder aufblüht,

und sind wir entschieden,

die Liebe so zu wagen,

dass sie wieder eine Kraft

in uns wird?

Meine Aufmerksamkeit
erfüllt mich mit einer leuchtenden Ordnung.
Durch meine Achtsamkeit
entsteht Licht.

Es ist
eine erlernbare Kunst,
die Momente des Lebens
zu einer Kette aus Licht zusammenzufügen.
Sich auf die Dunkelheit zu konzentrieren
geschieht von selbst.

Die Entschiedenheit,
etwas von ganzem Herzen zu wollen,
ist ein inneres Feuer,
das unser Leben entzündet
und damit die Welt.

Die Welt ist voller Rätsel
und du bist eines von ihnen.
Spüre in dich hinein,
besinne dich auf deine Wurzeln.
Du darfst auch lachen
auf deinem Weg zu dir selbst.
Das Leben hat Humor
und lädt dich dazu ein.

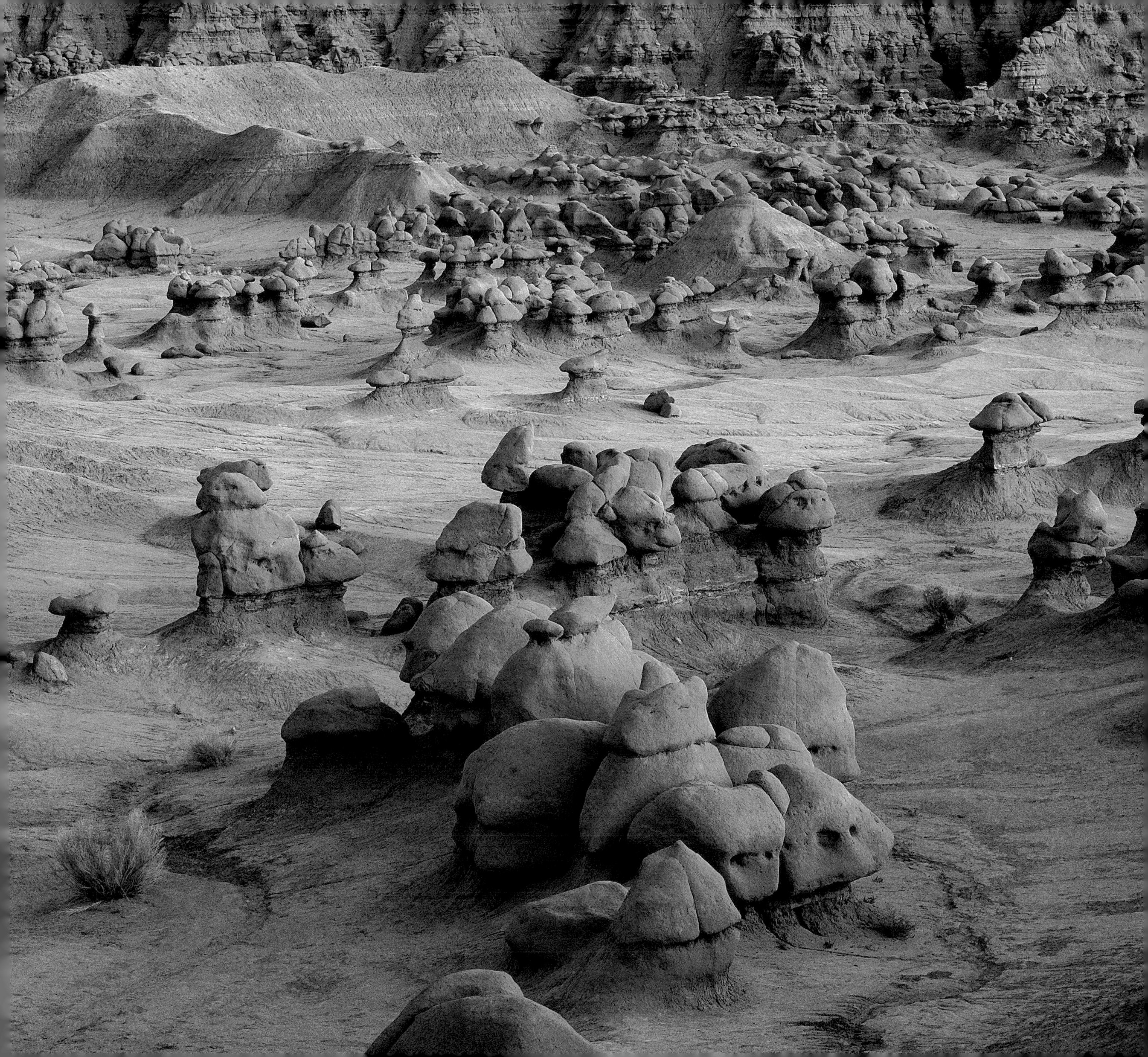

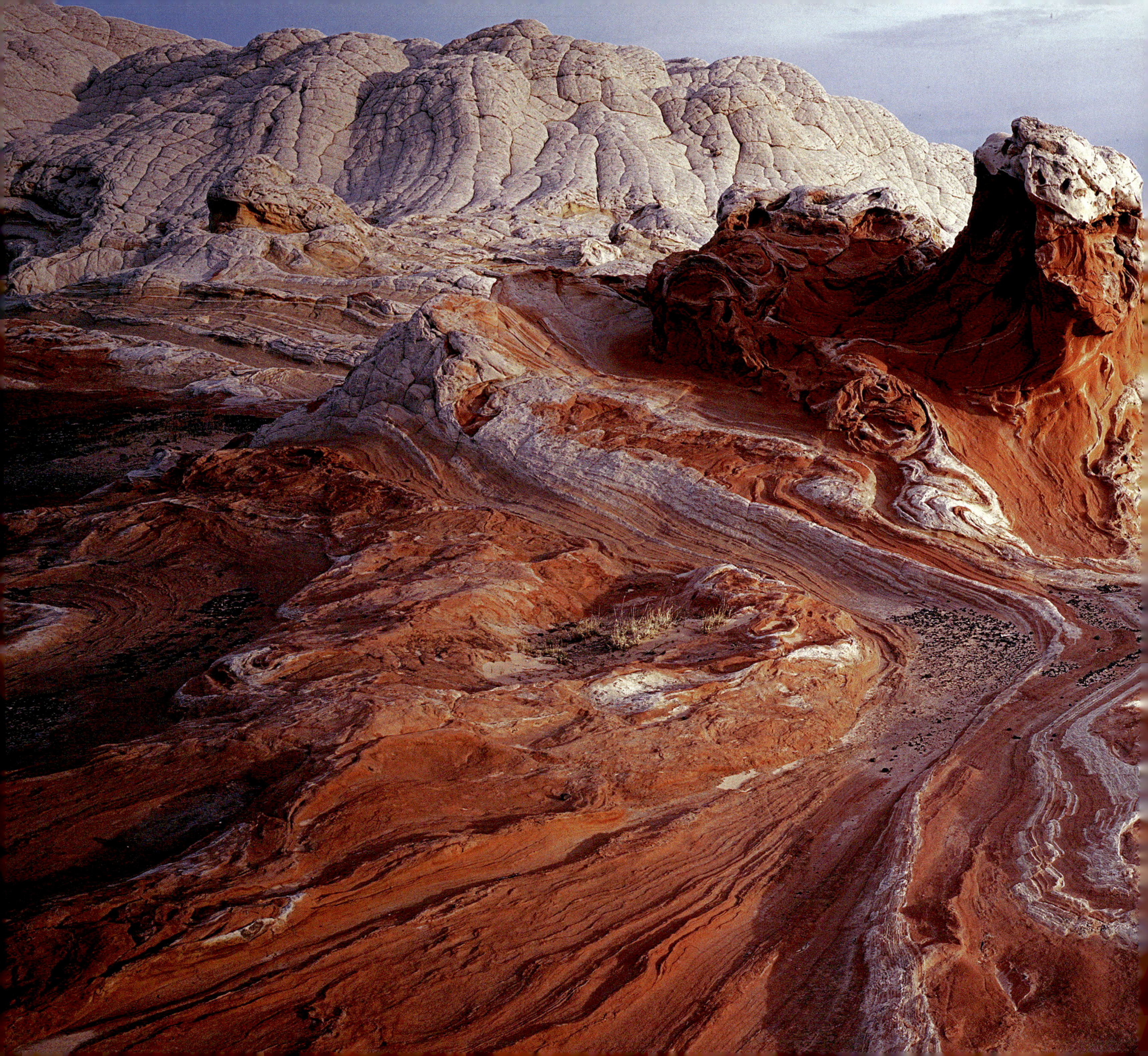

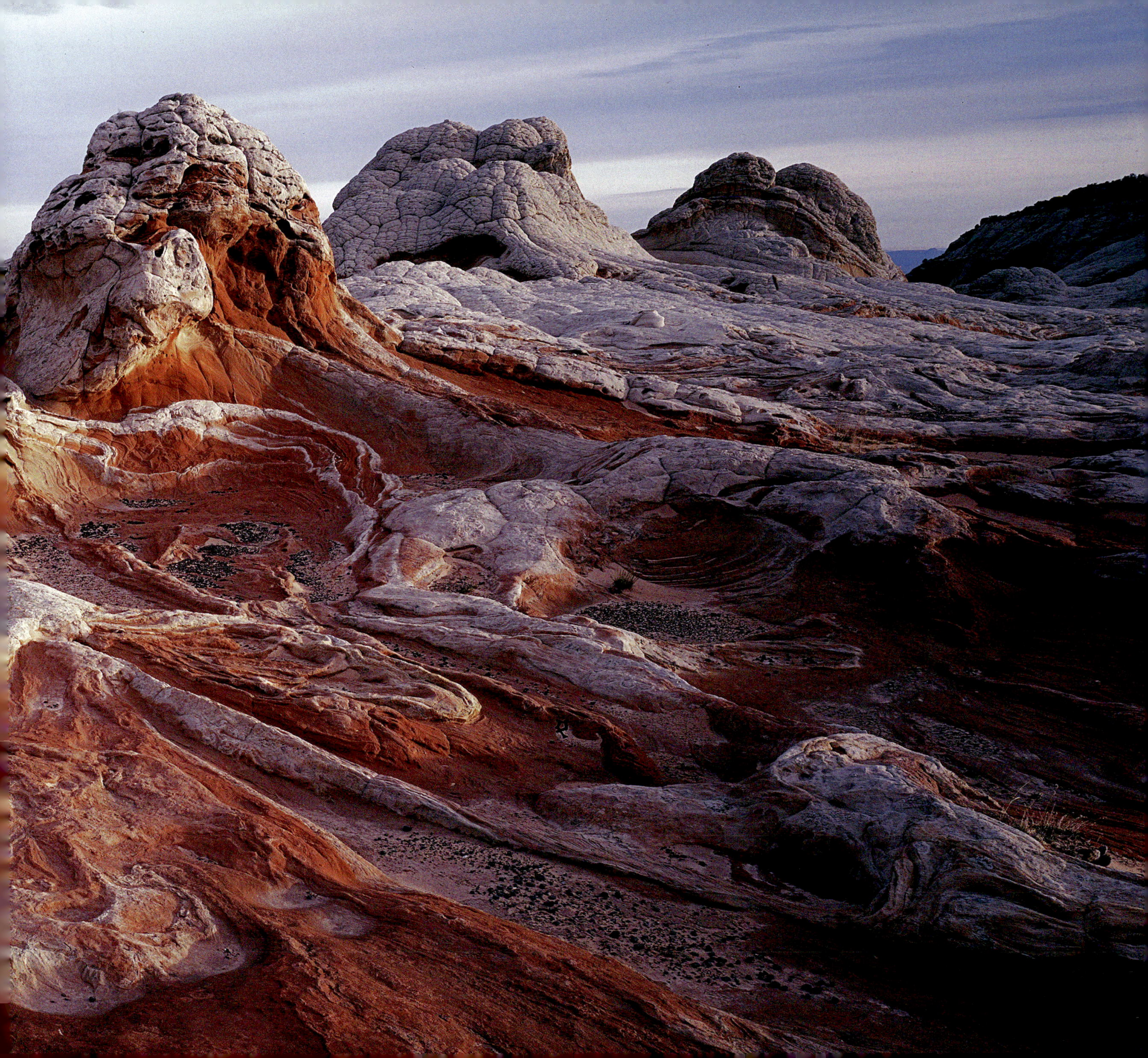

Das
Leuchten
eines Menschen beginnt da,

wo er bei sich bleibt

und konzentriert ist auf das,

was er in sich trägt.

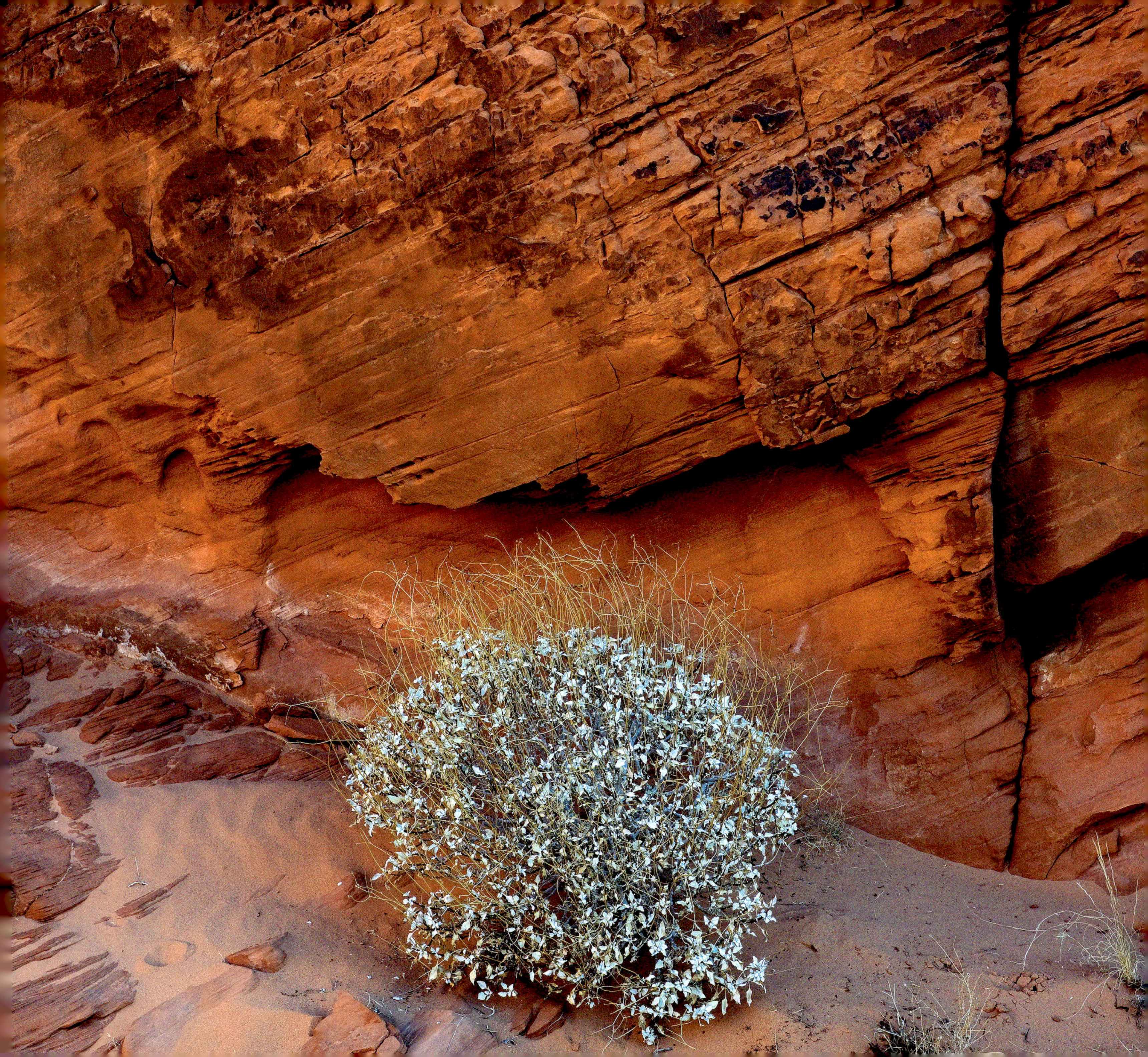

Alles
hat nur den Sinn,
den du und ich ihm geben.
Sinn und Sinnlosigkeit
liegen in uns.

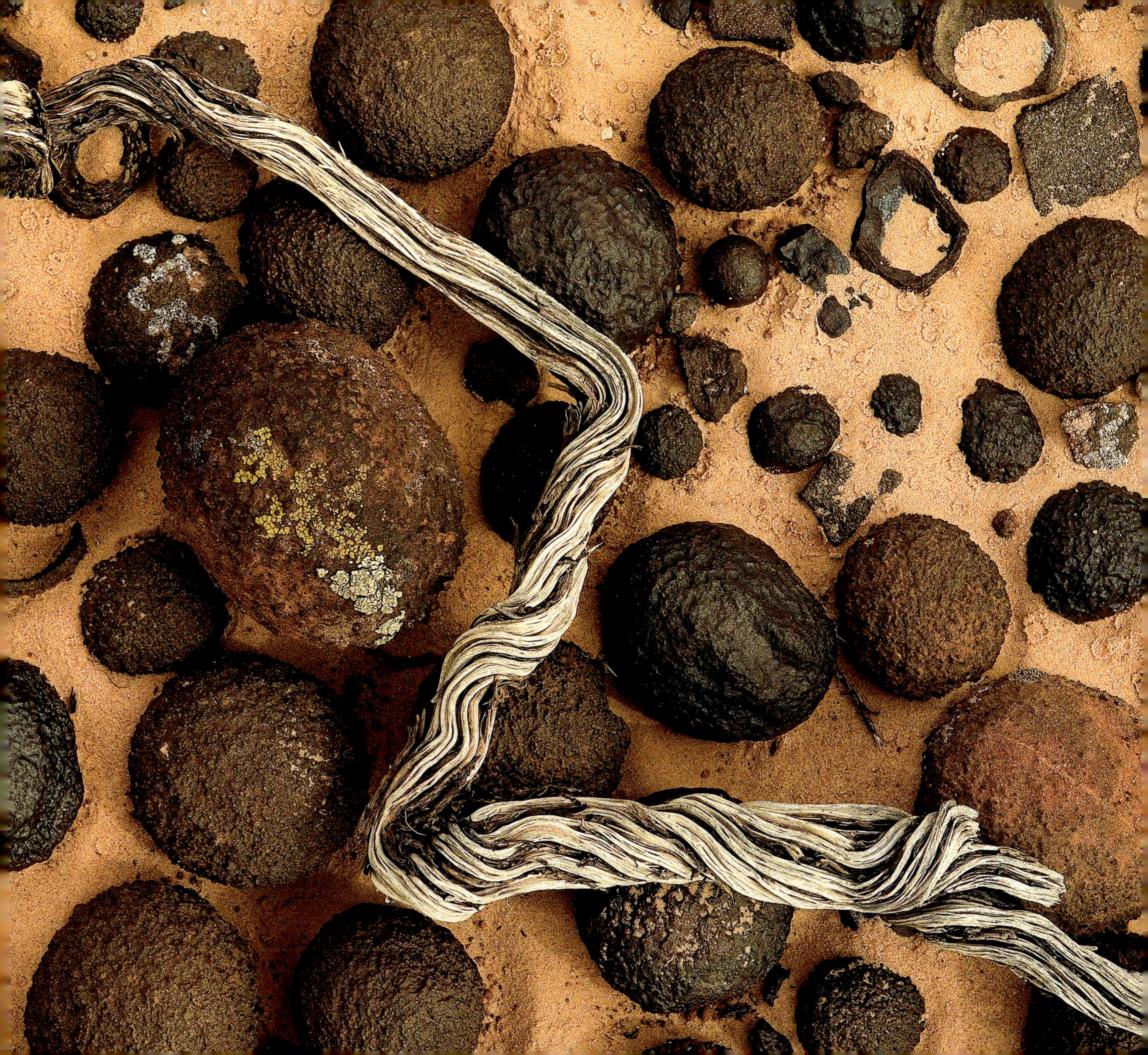

Eine jede,

ein jeder von uns

ist das Wunder

der Verwandlung wert.

Erfinde dich neu.

Werde Gold.

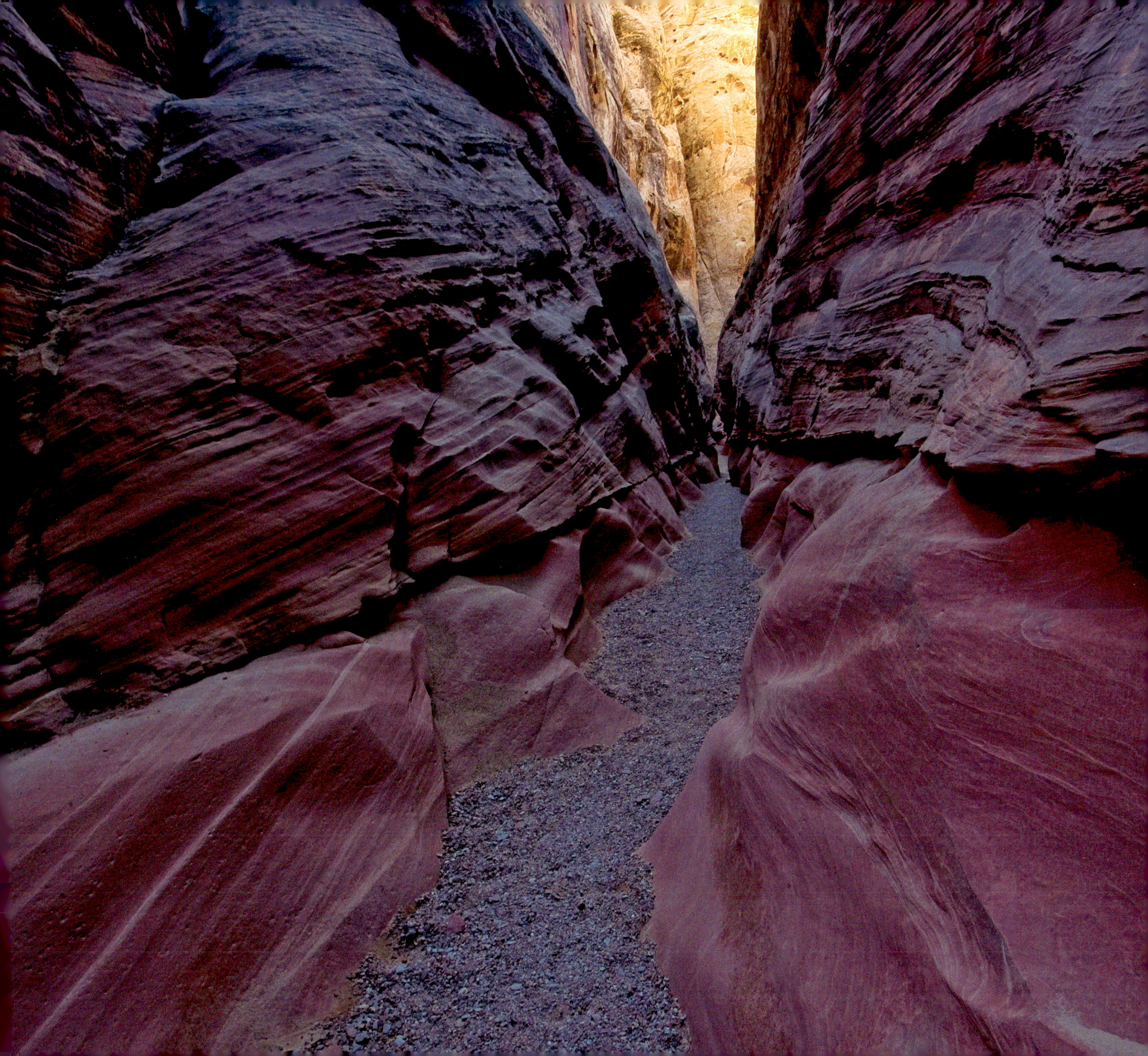

Wer staunt, lebt.

Wer lebt, staunt.

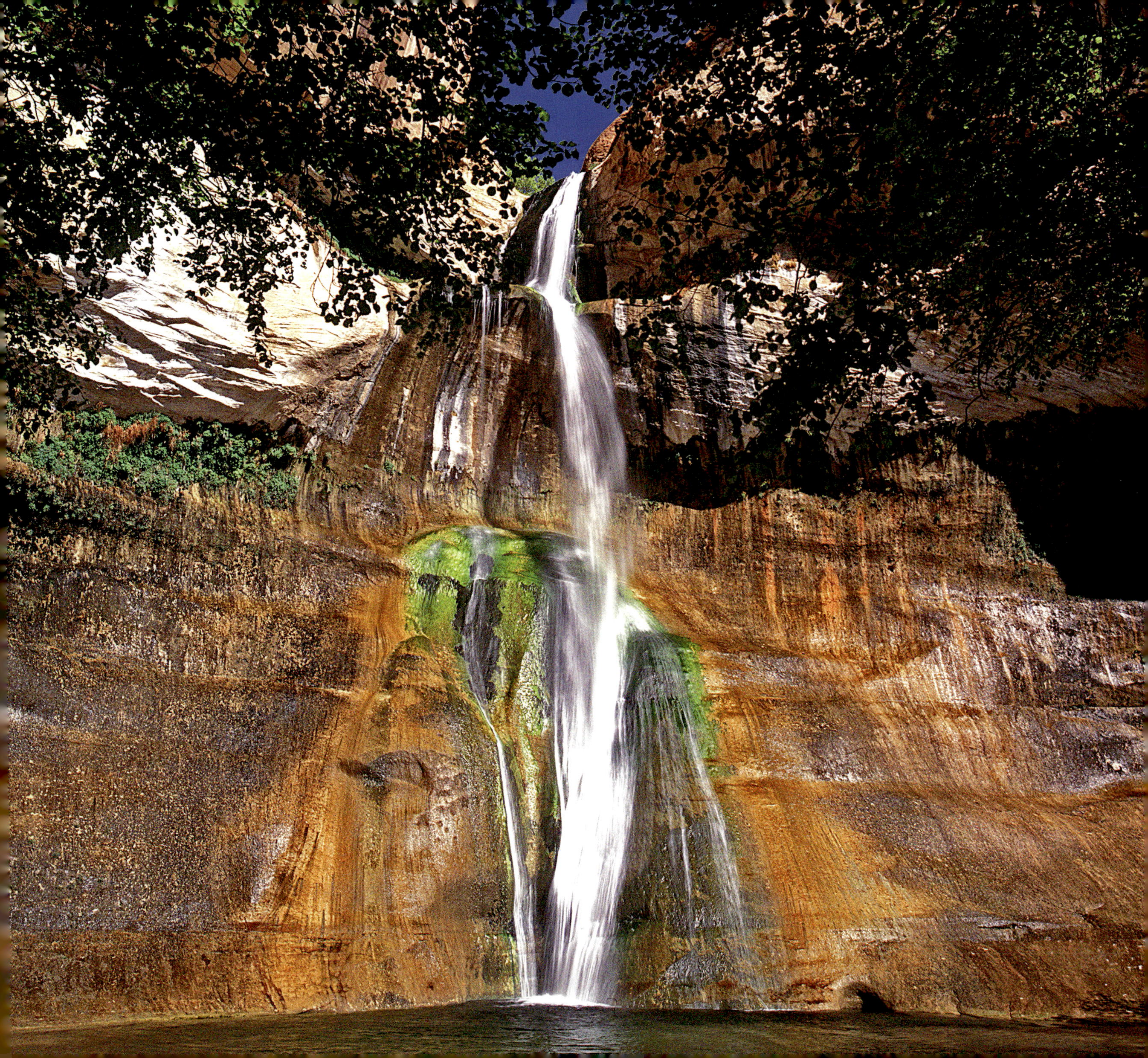

Manche Situationen
unseres Lebens
können wir nicht lösen.
Wir müssen sie leben
— bewusst durchleben.
Das ist ihre Erlösung
und unsere Befreiung.

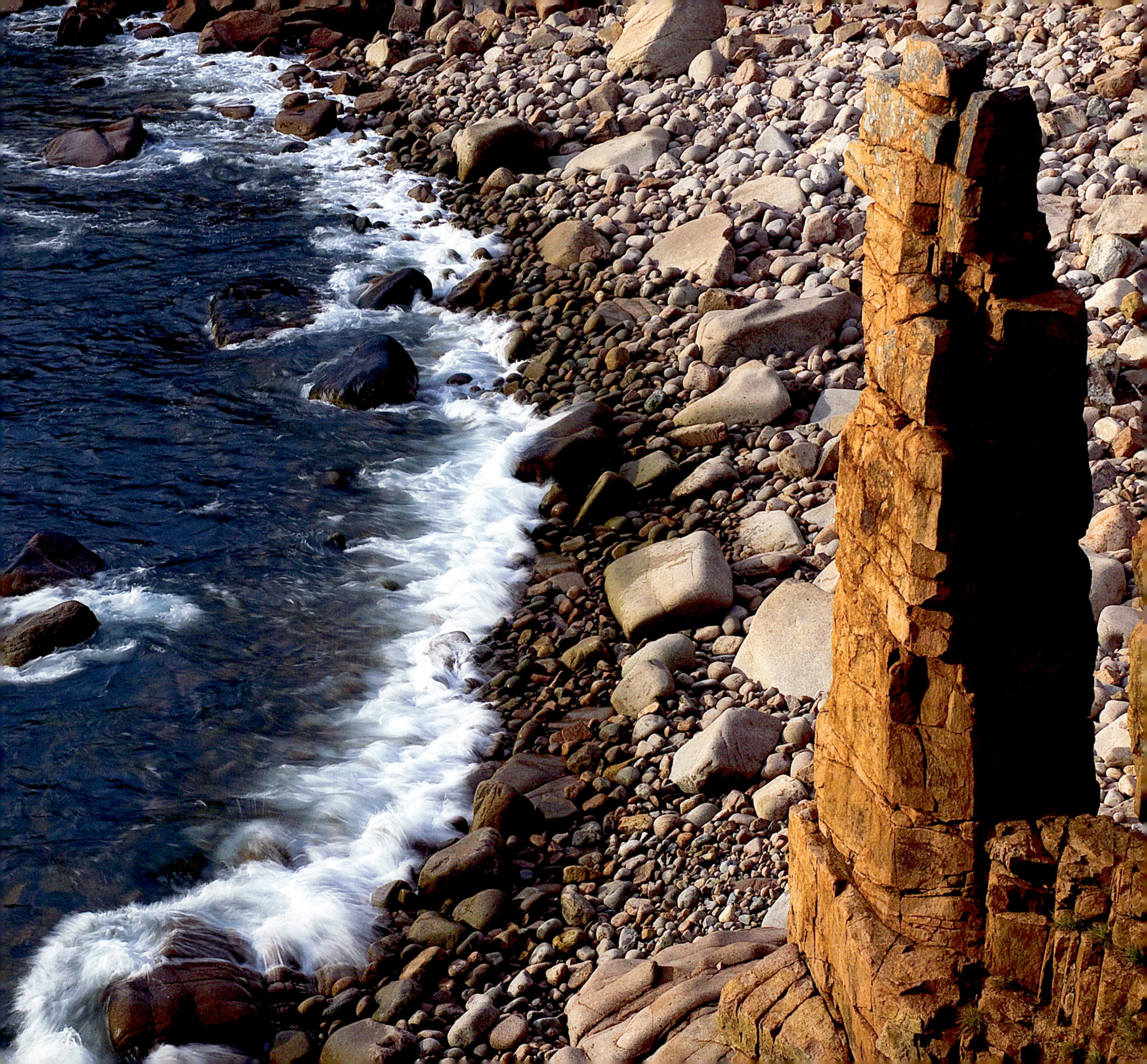

Wir werden
uns selbst überraschen,
wenn wir das ernst nehmen,
was in uns zum Leben kommen will.

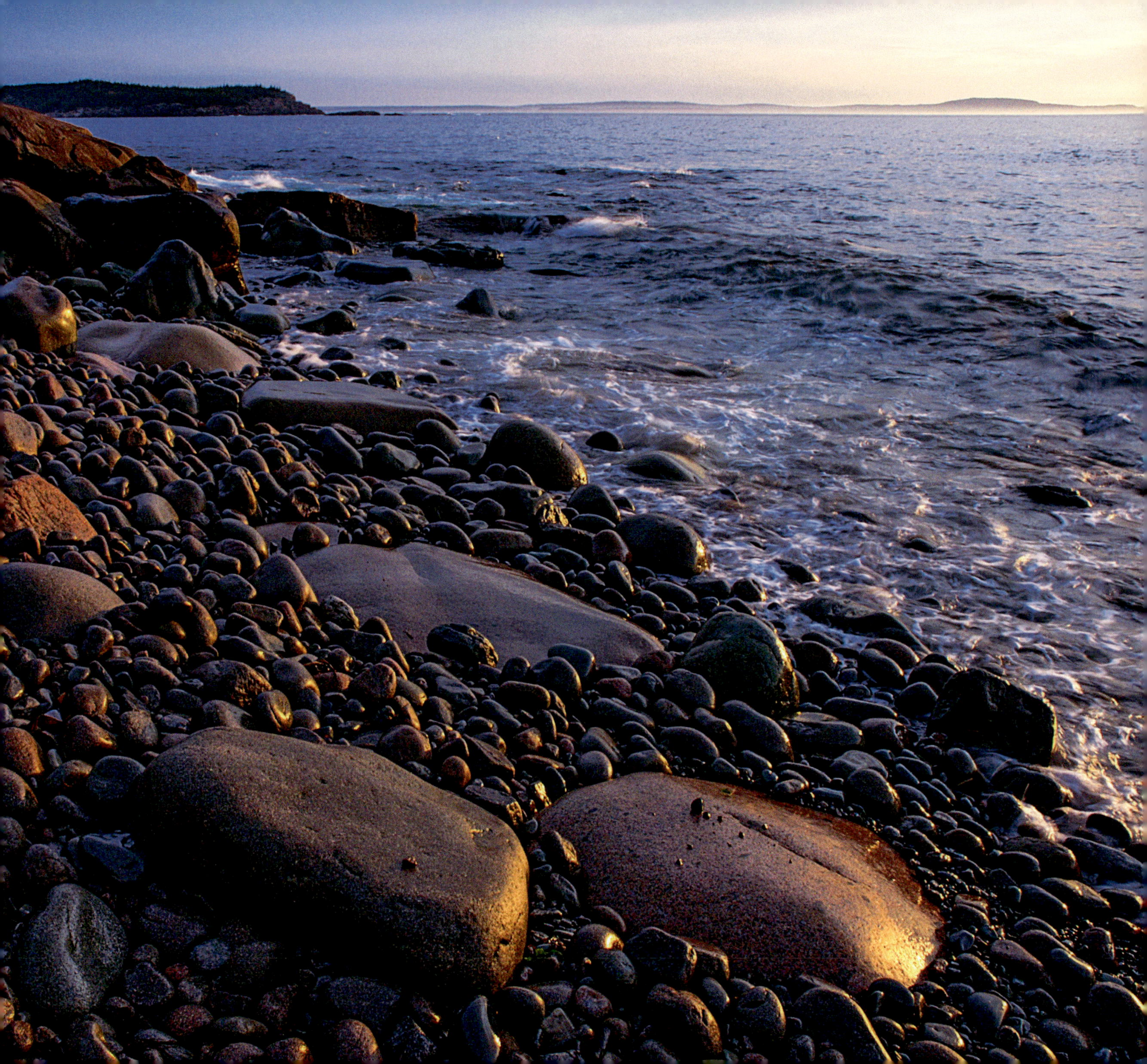

Etwas loszulassen
kann uns das Glück
als Leichtigkeit bringen.
Alles, was wir festhalten,
hat uns sowieso nicht gehört.
Auch wir selbst gehören niemandem
und niemand gehört uns.
Wir stehen kurz vor dem Fliegen.

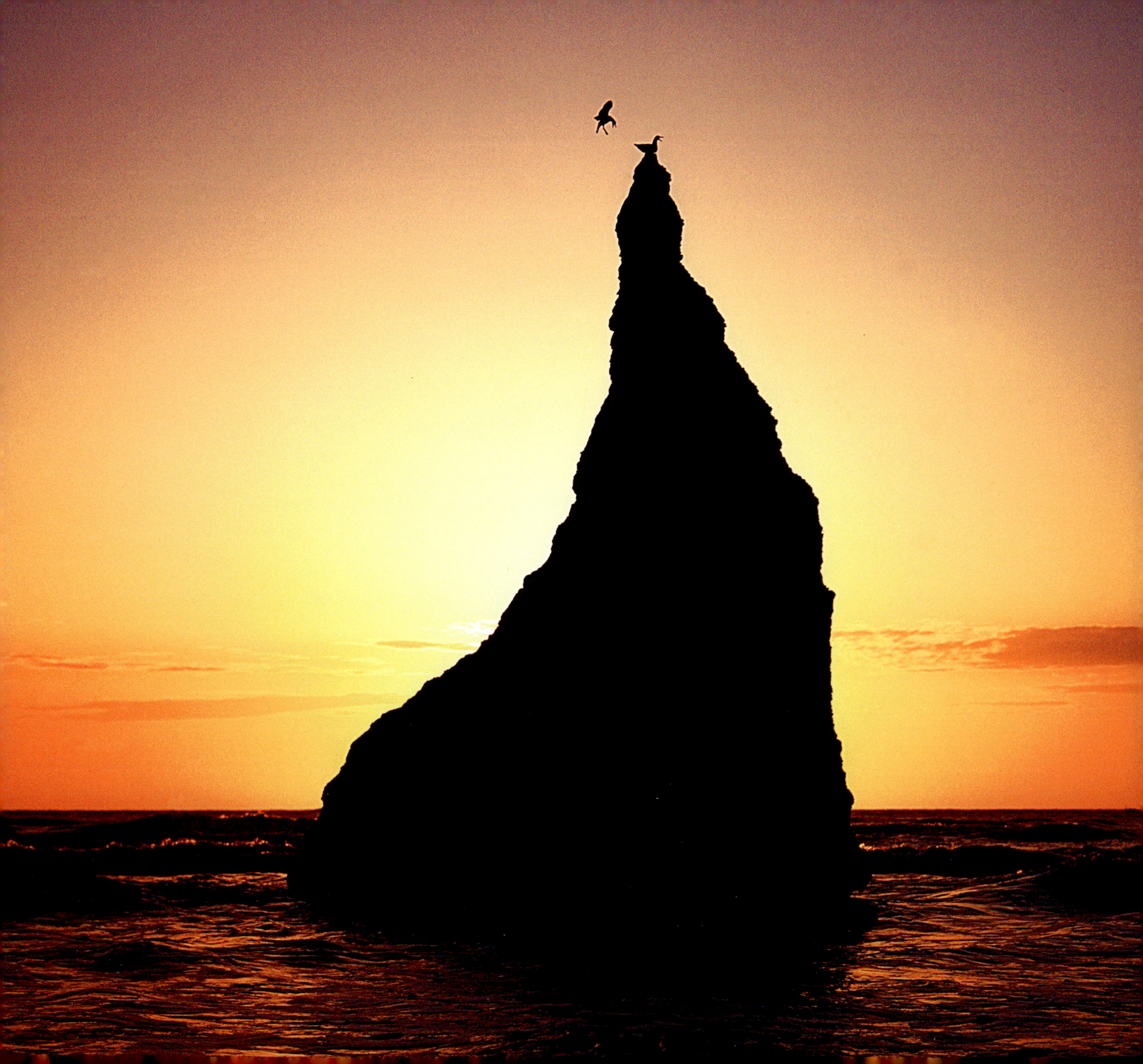

Wenn wir lachen,
lassen wir uns selbst los.
Wir können das Leben
nicht mit unserem Ernst zwingen.
Es gehört zum Wunderbaren des Lebens,
dass alles seine Richtigkeit hat,
auch wenn wir sie nicht erkennen.

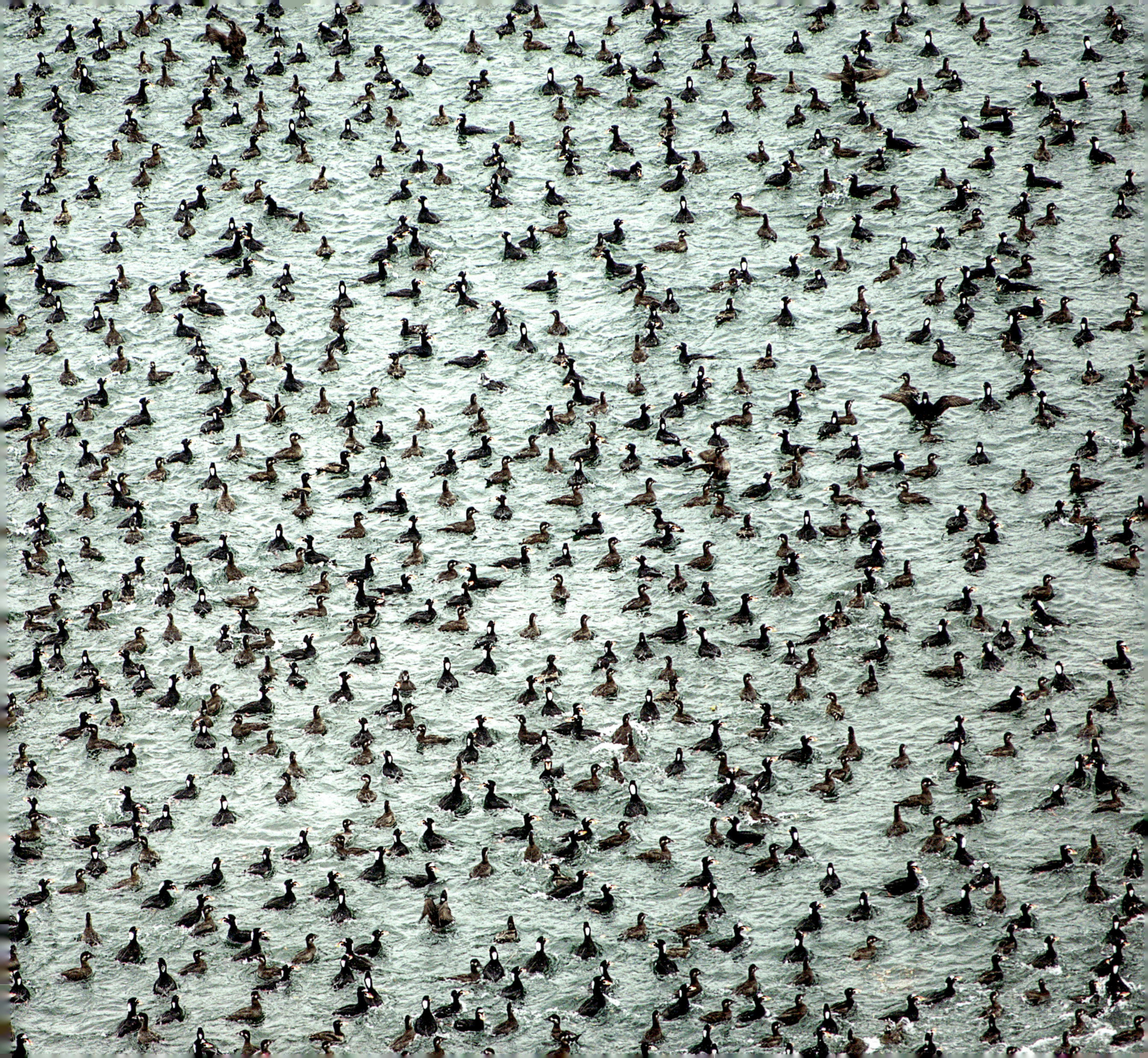

Beim genauen Hinsehen
wird alles durchsichtig
für das Licht dahinter.
So sind Menschen, Gedanken
und Dinge immer mehr,
als sie zuerst zu sein scheinen.
Das Unsichtbare
trägt das Sichtbare.

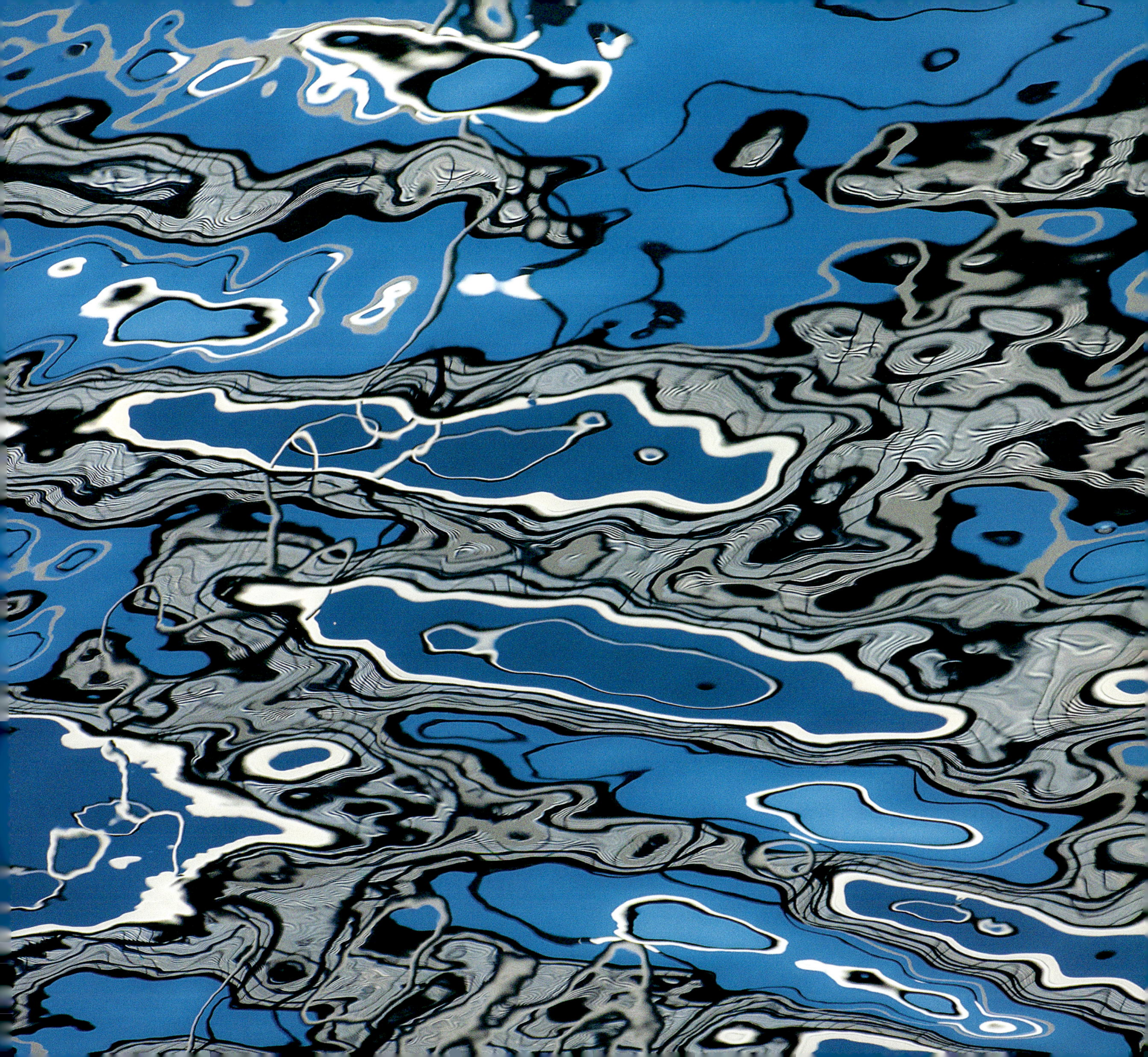

Unsere Vergänglichkeit
gehört auch zu uns.
Wie wir mit dem Tod umgehen,
entscheidet, wie wir leben.
Dabei entwickeln wir einen Kern.
Dabei bildet sich unser Charakter.
Dabei entsteht unsere innere Größe.

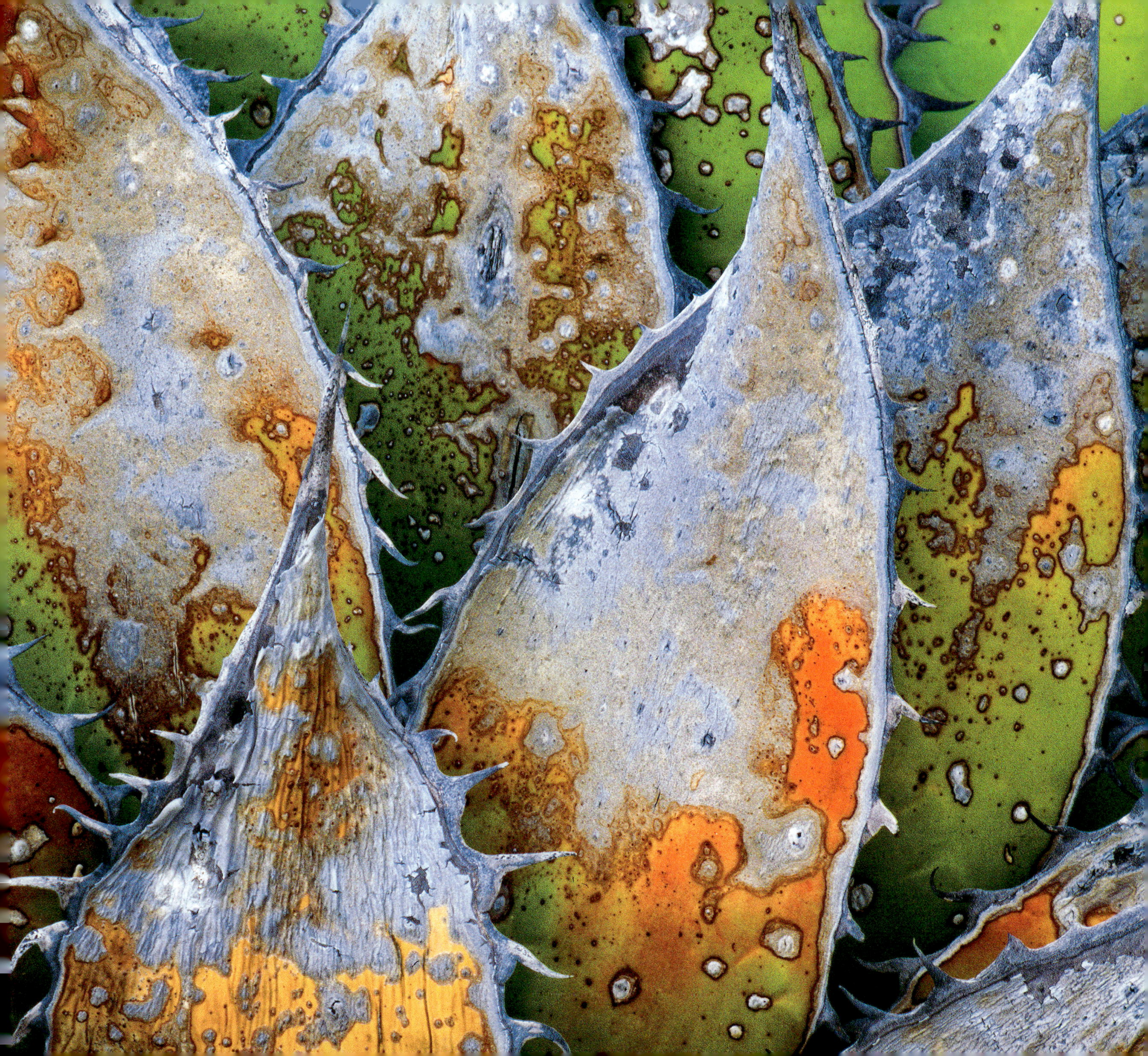

Was Du glaubst,
bestimmt,
was Du erlebst.

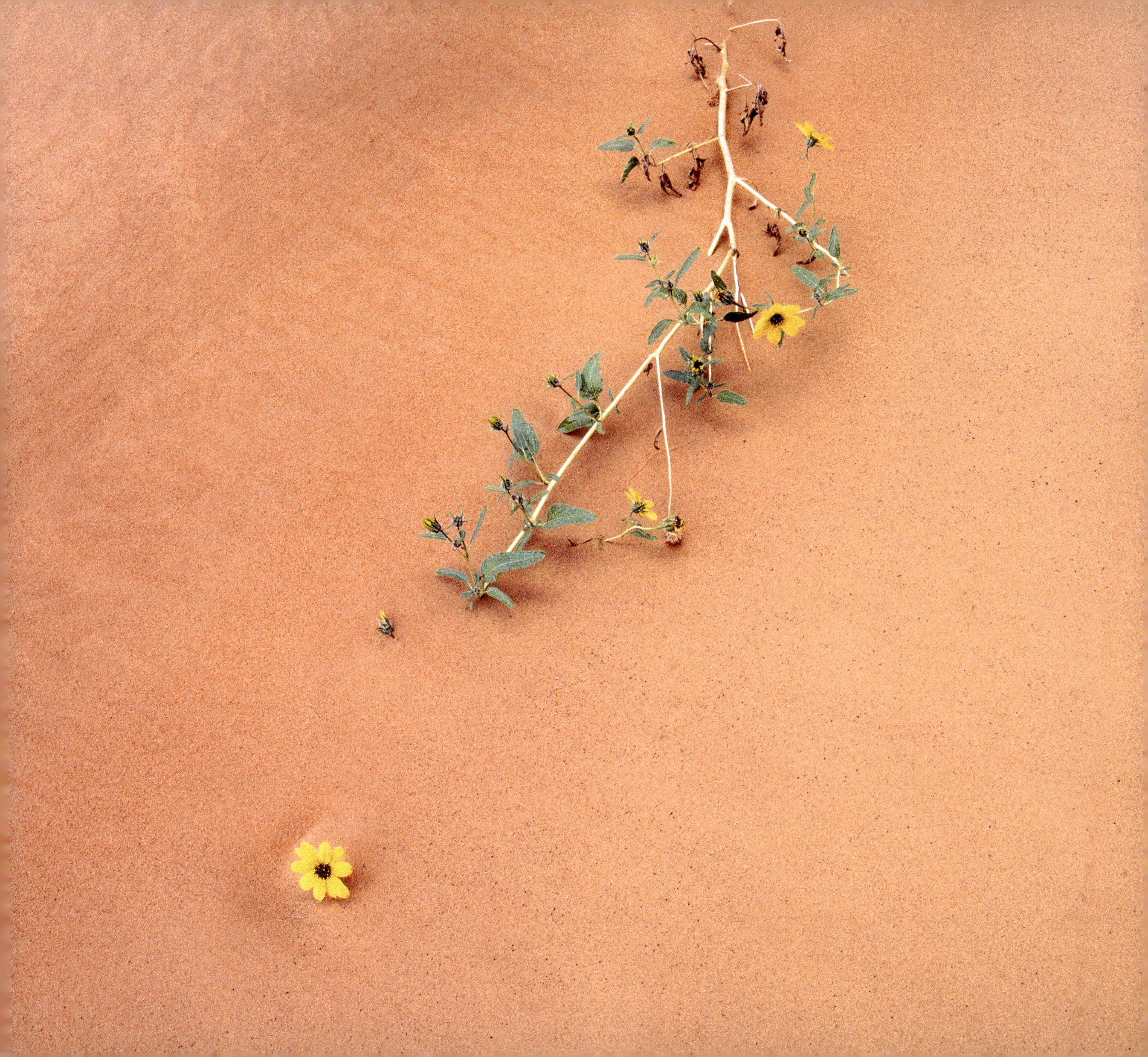

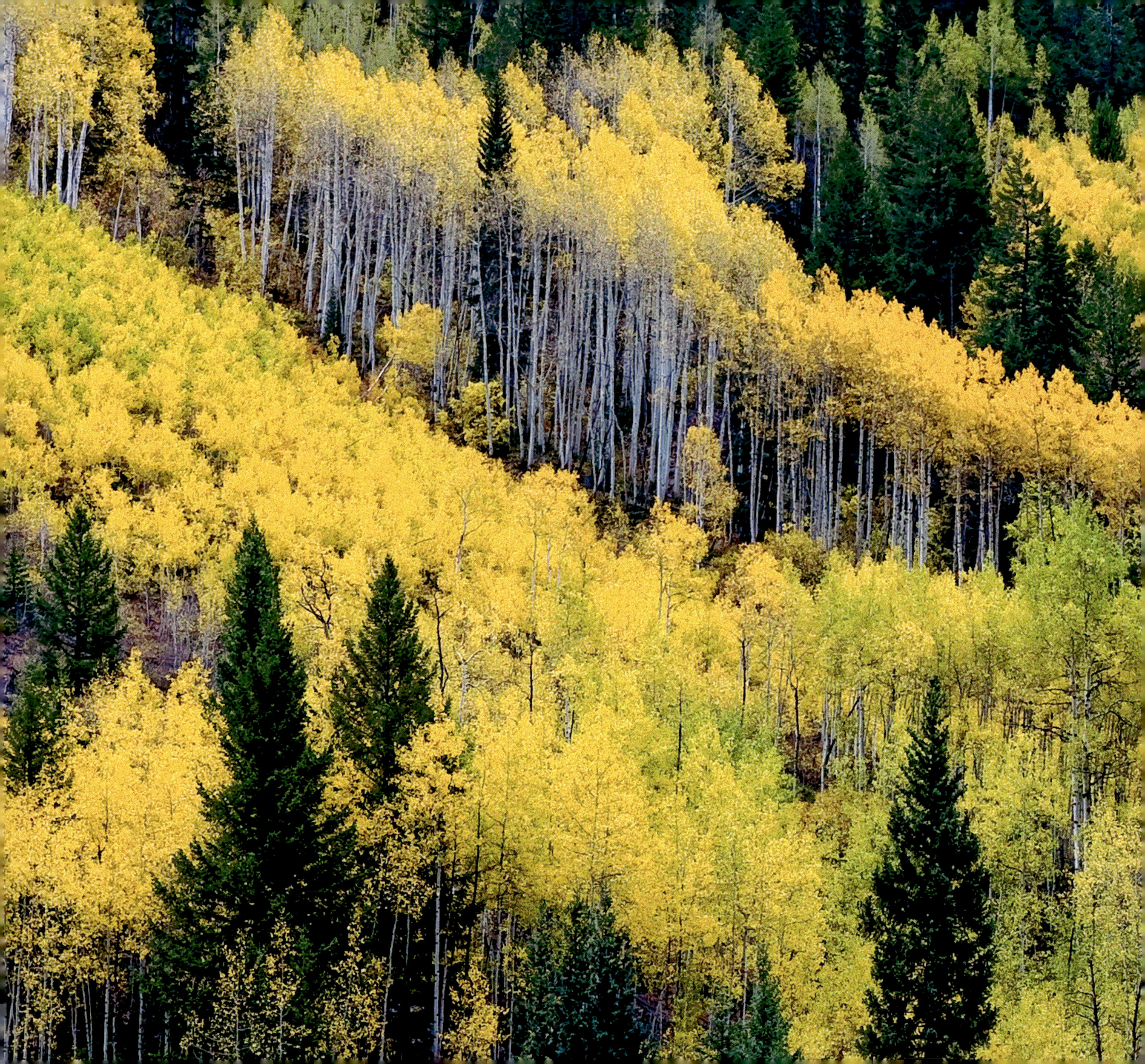

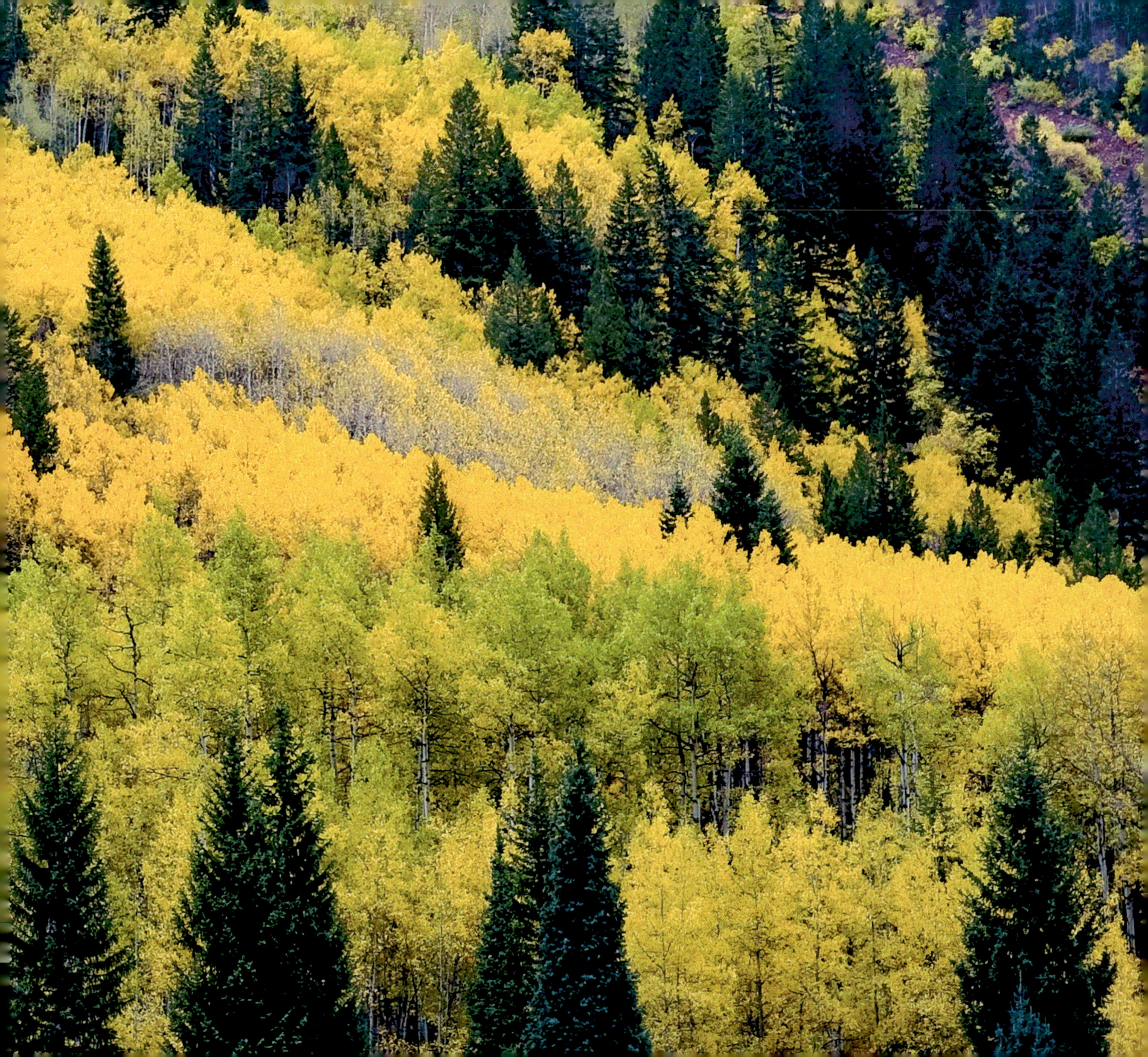

*Die Schönheit wahrzunehmen
erfordert manchmal nicht mehr,
als bewusst zu schauen
und mit Zuneigung auf die Welt zu hören.
Und schon nehmen wir wahr,
wie sich die Schönheit der Welt
in uns spiegelt.*

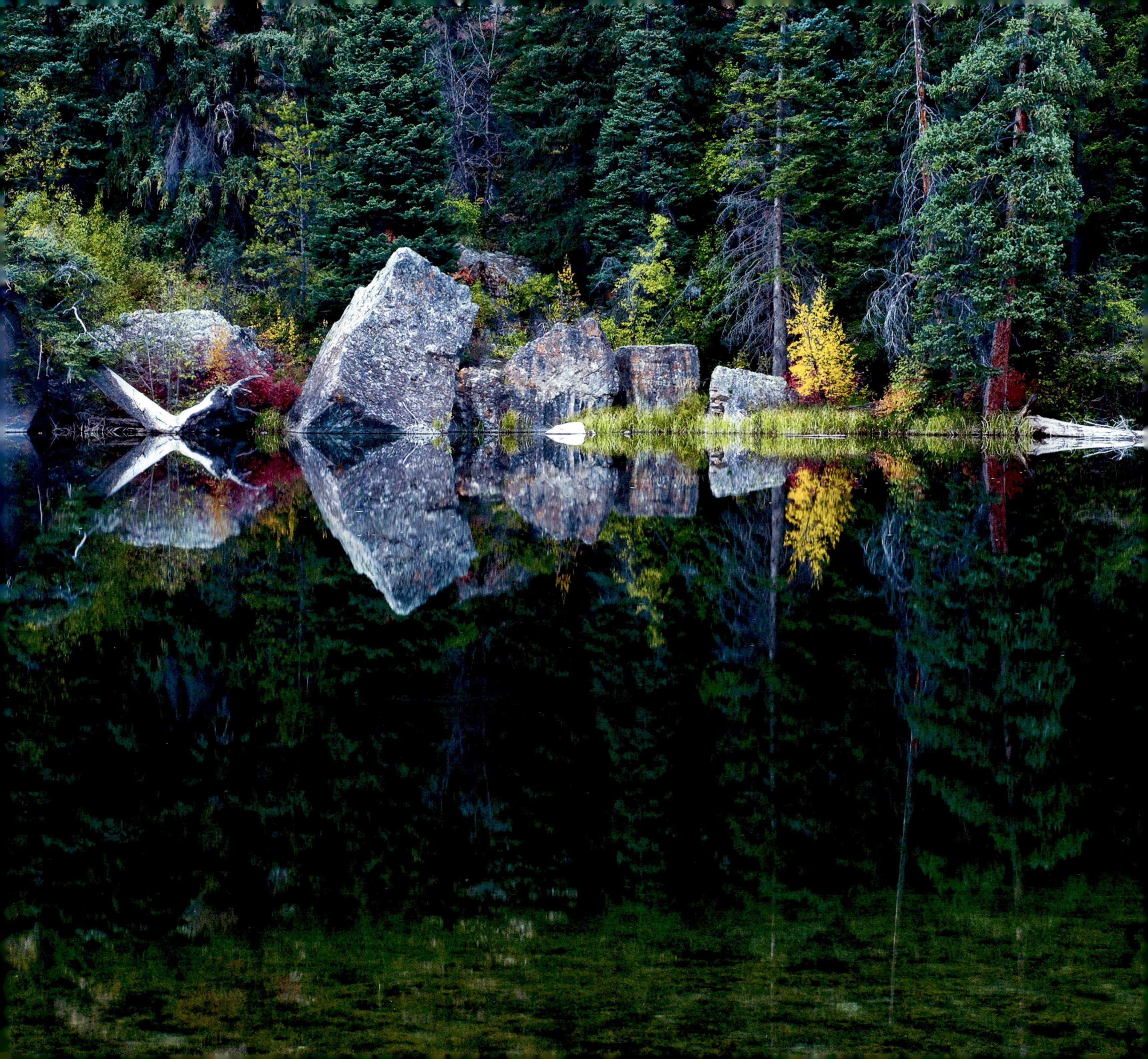

*Wir werden zu dem,
was uns anzieht.
Verwandlung geschieht am ehesten
und hält am besten durch,
wenn sie aus einer Vision entsteht
und nicht aus einer Pflicht
oder Aufgabe.*

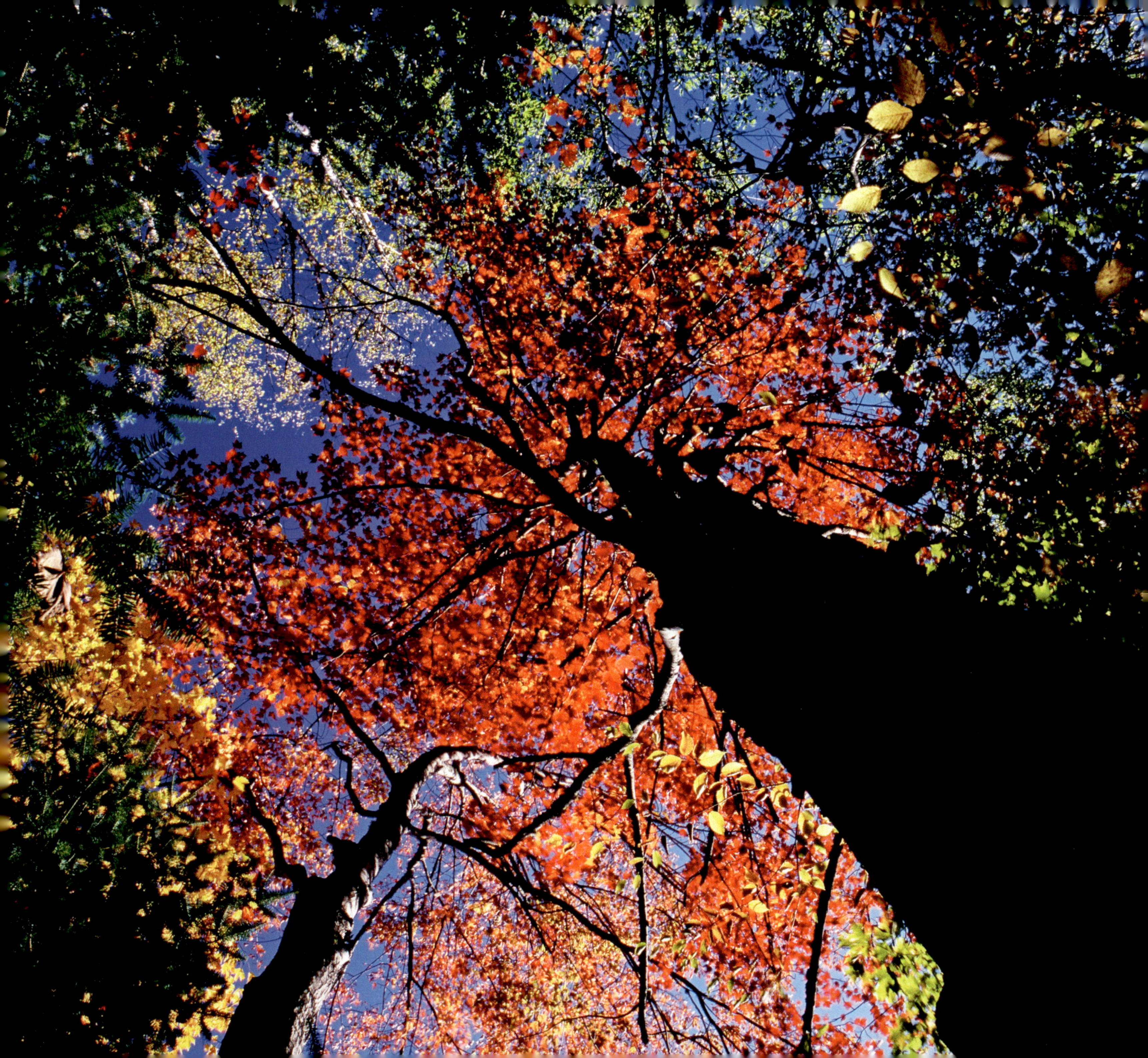

*Wir können uns selbst
nicht retten, ohne zu versuchen,
die Welt zu retten.
Der Schlüssel
zur Rettung unserer Seele
liegt in der Welt
und der Schlüssel zur Welt
befindet sich in unserer Seele.*

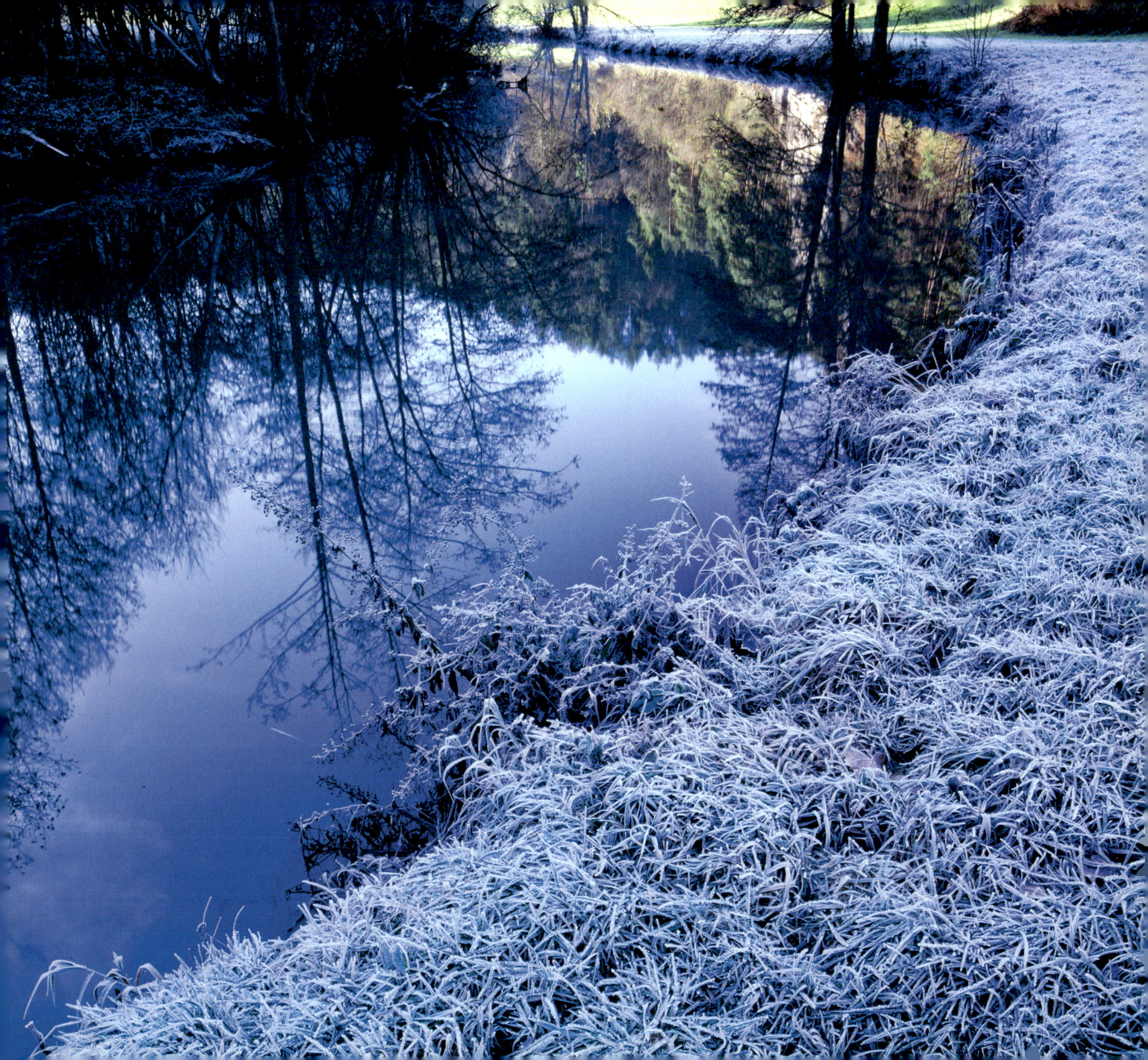

Wenn wir uns begrenzen und am Ende vielleicht nur noch eins wollen, beginnen wir zu leuchten.

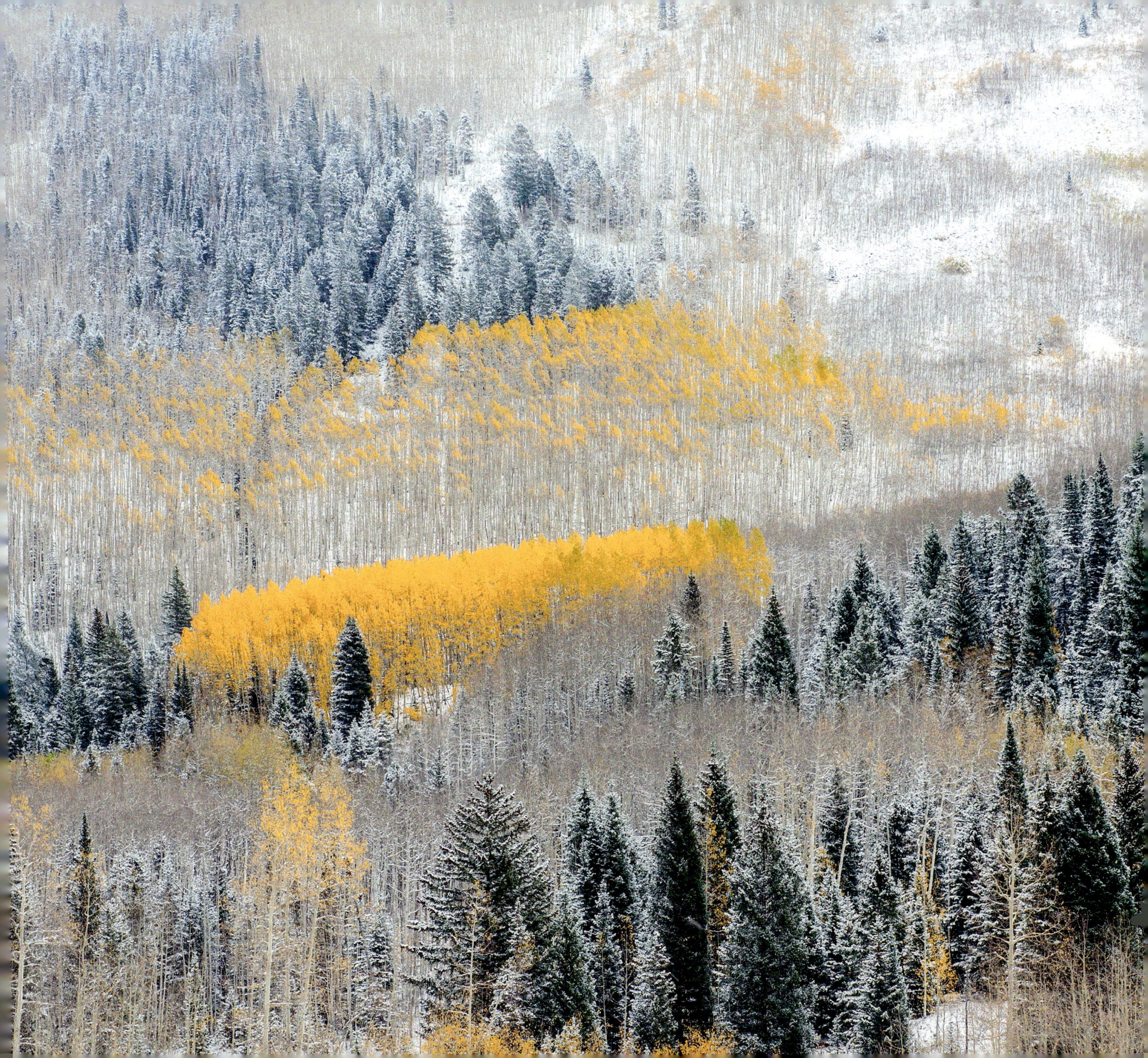

*Mit ungeheurer Beständigkeit
ist die Sonne jeden Morgen wieder da,
hinter Wolken, als wolle sie uns schützen,
oder hell und direkt wie sichtbares Glück.
Jeder Tag kann ein Neubeginn sein.
Unsere Haltungen müssen nicht
endgültig sein.*

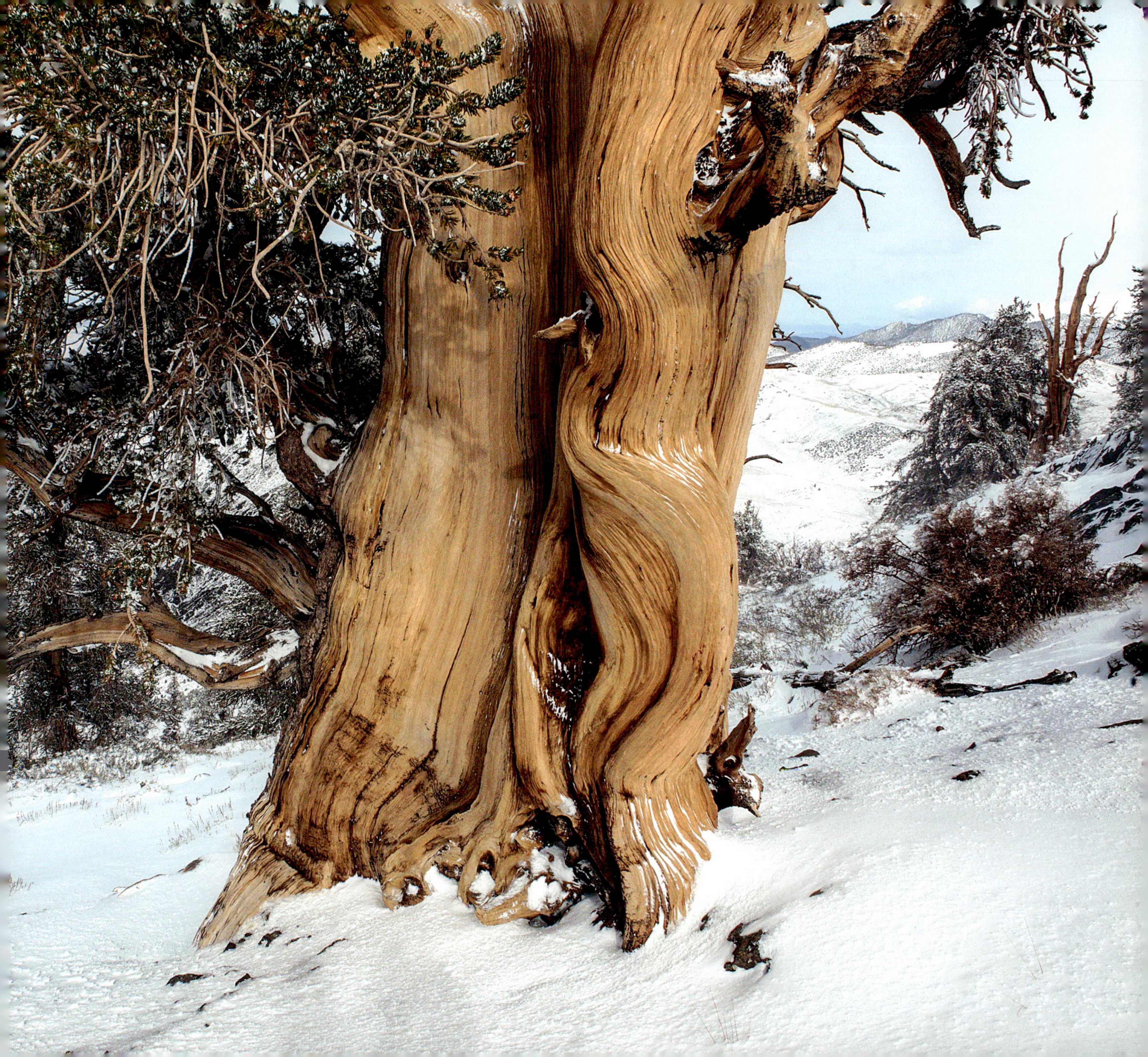

Niemand
kennt unser Ziel,
das Ziel unserer ganz persönlichen Reise.
Darum kann niemand für uns
und wir können für niemanden
verantwortlich sein.

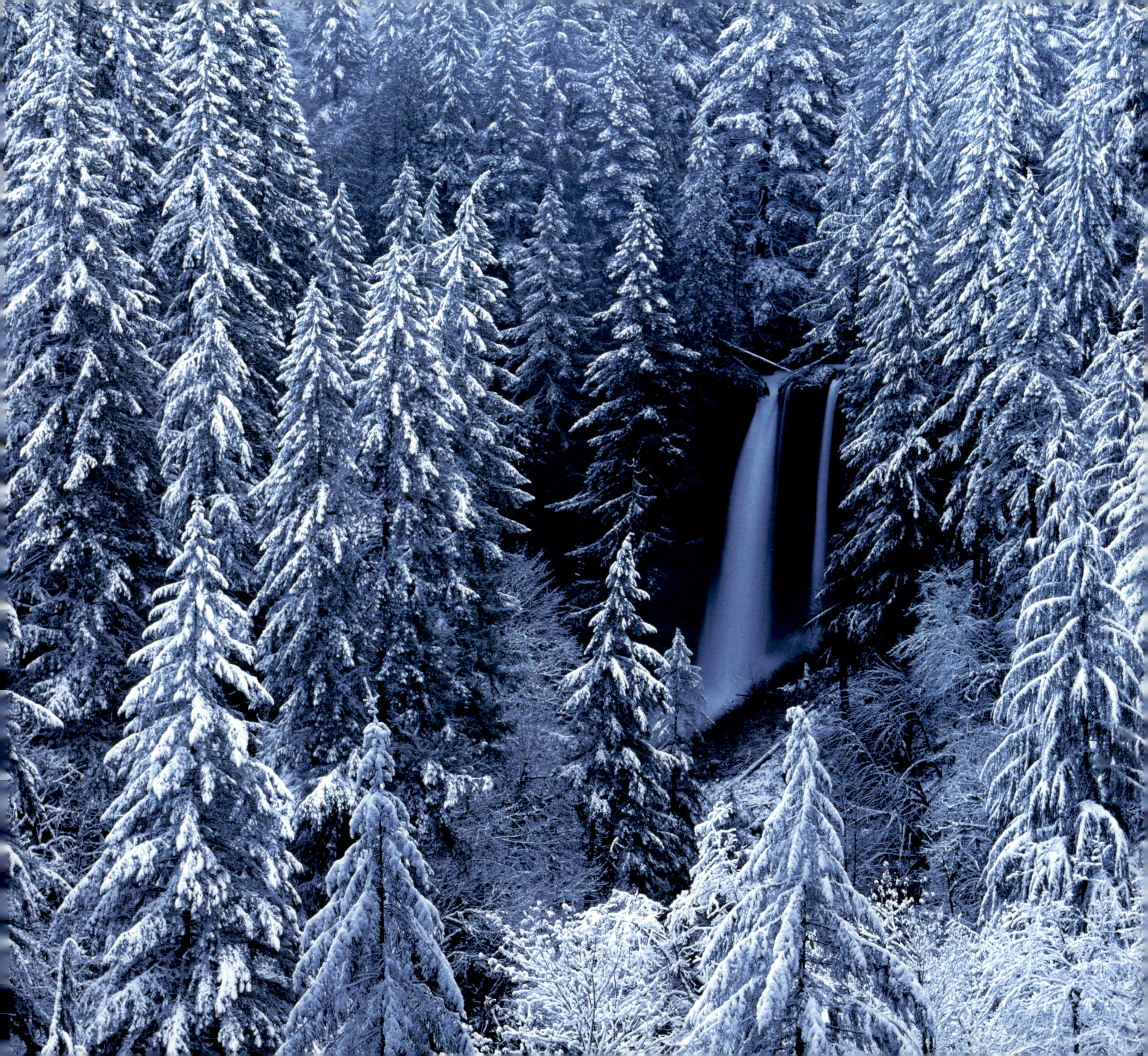

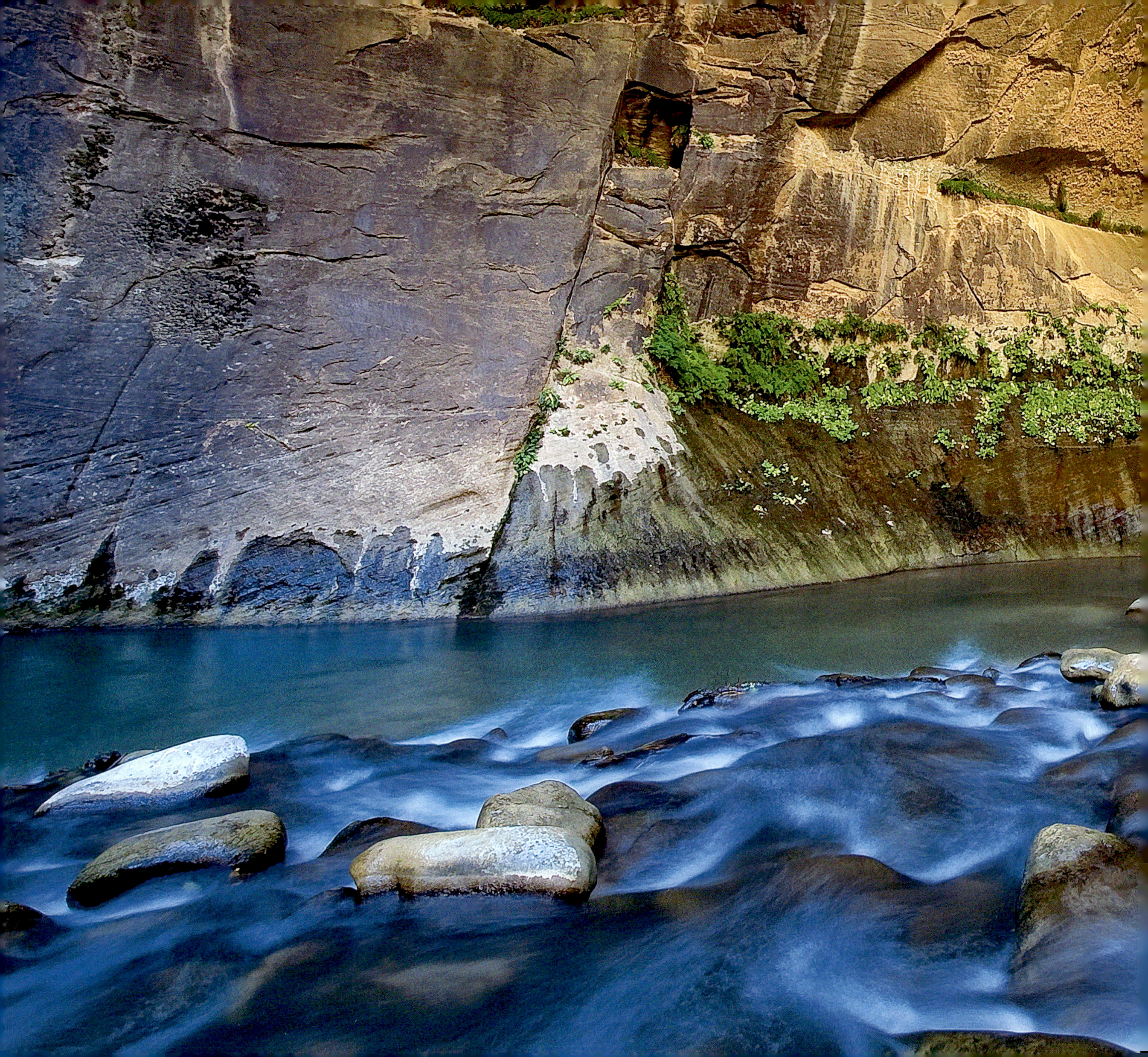

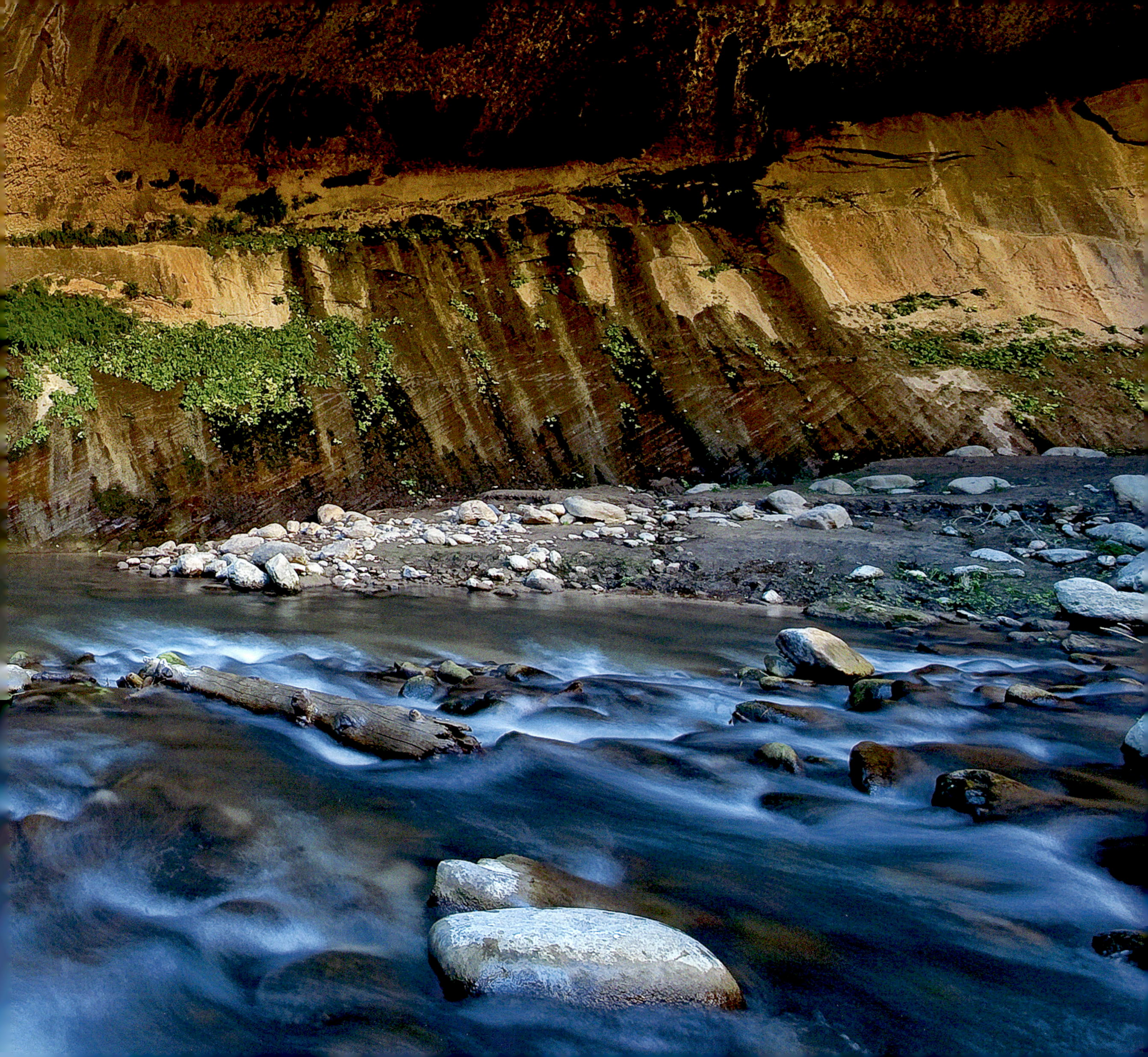

Jeder Tag
hat sein eigenes Licht,
jede Blume ihre Farbe,
jeder Stein seine Härte,
jedes Meer seine Gezeiten.
Wie sollten wir da nicht
unserer Gestalt, unserem Wesen,
unserem Klang nachspüren?

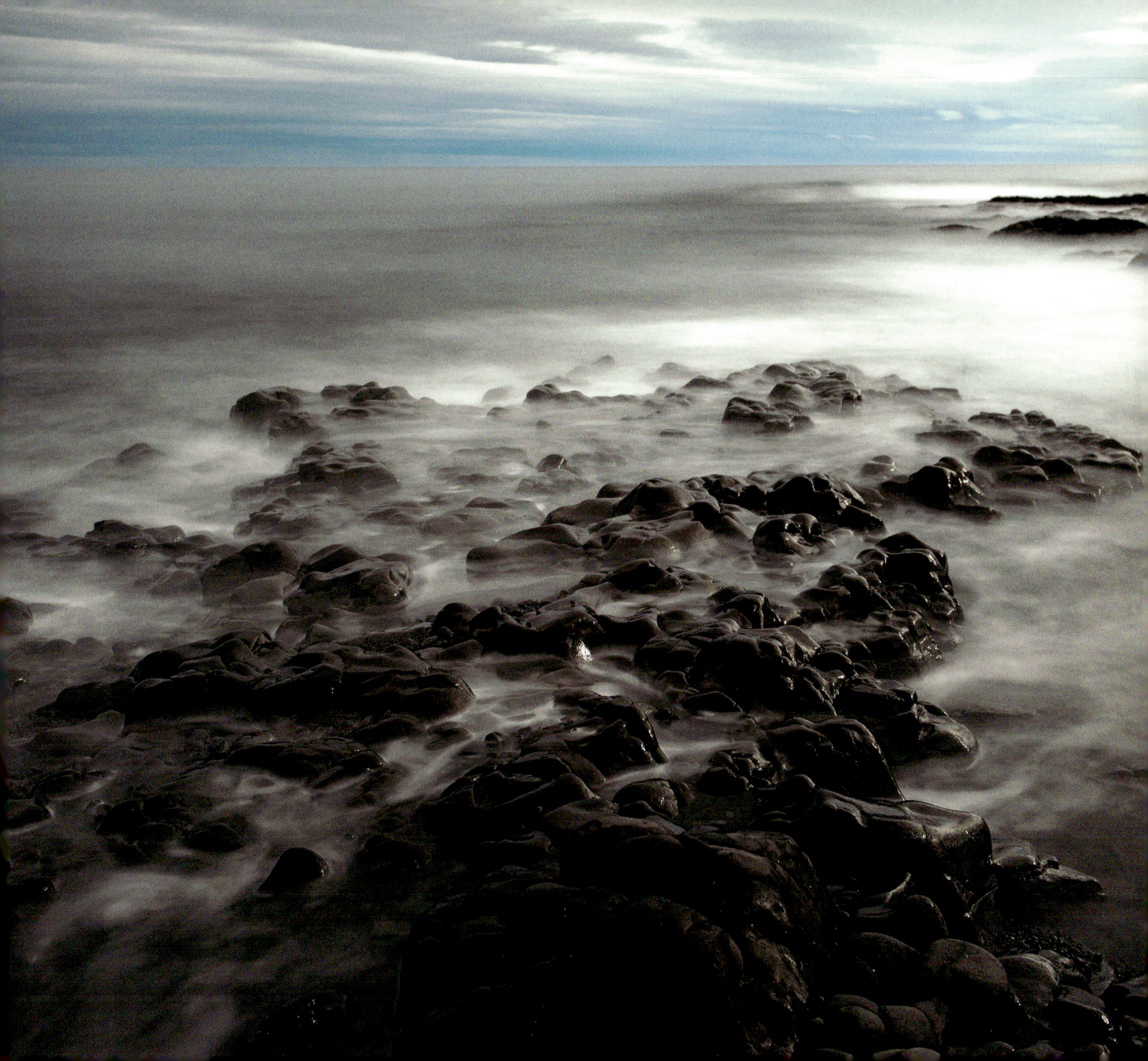

*Es liegt in uns,
Kräfte auszuschicken,
die Verletztes heilen können.*

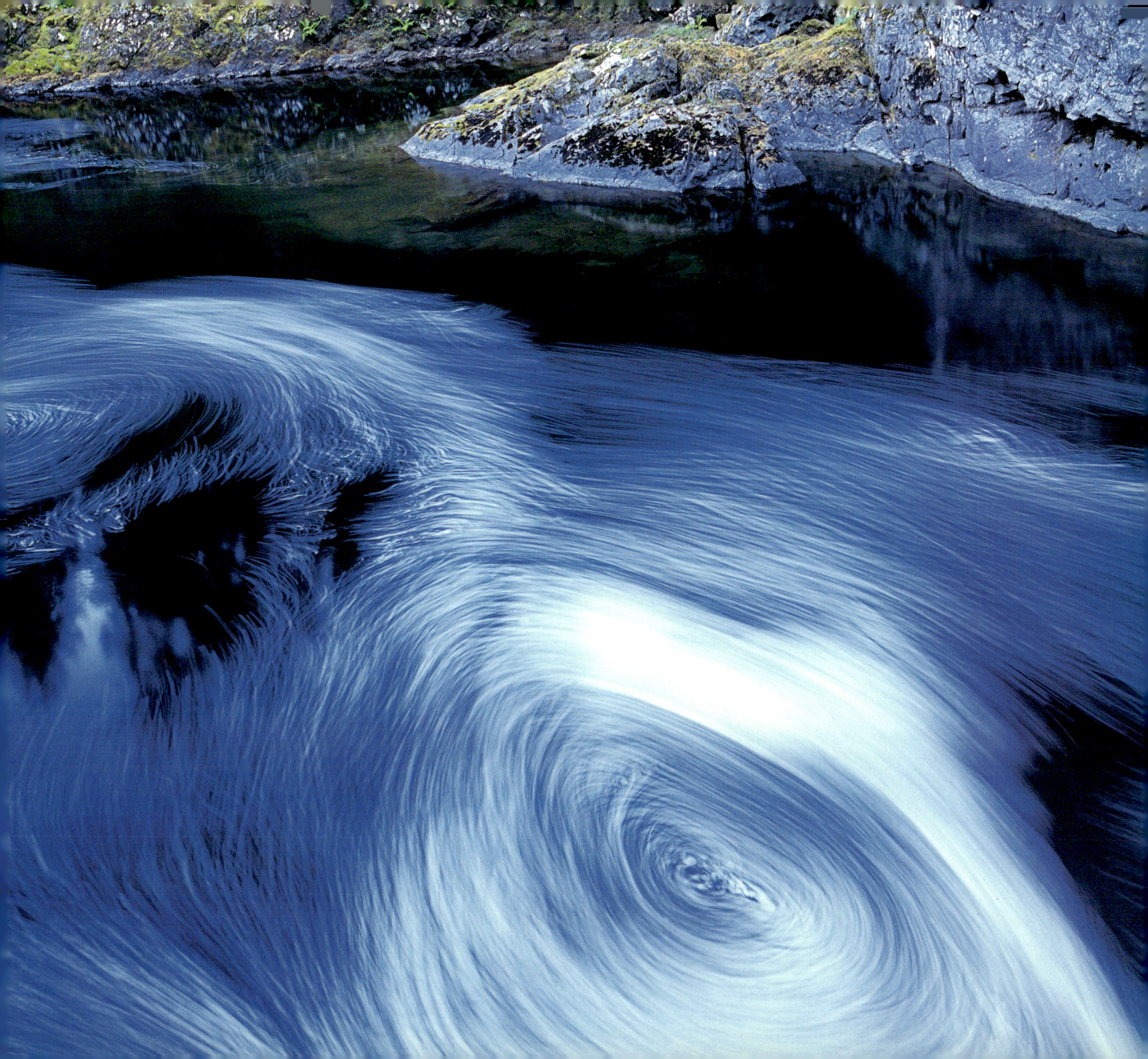

Nicht, was wir besitzen,
aber was wir lieben können,
nicht, was wir ausnutzen,
aber was wir fördern können,
nicht, was wir brauchen,
aber was uns braucht,
wird uns reich machen.

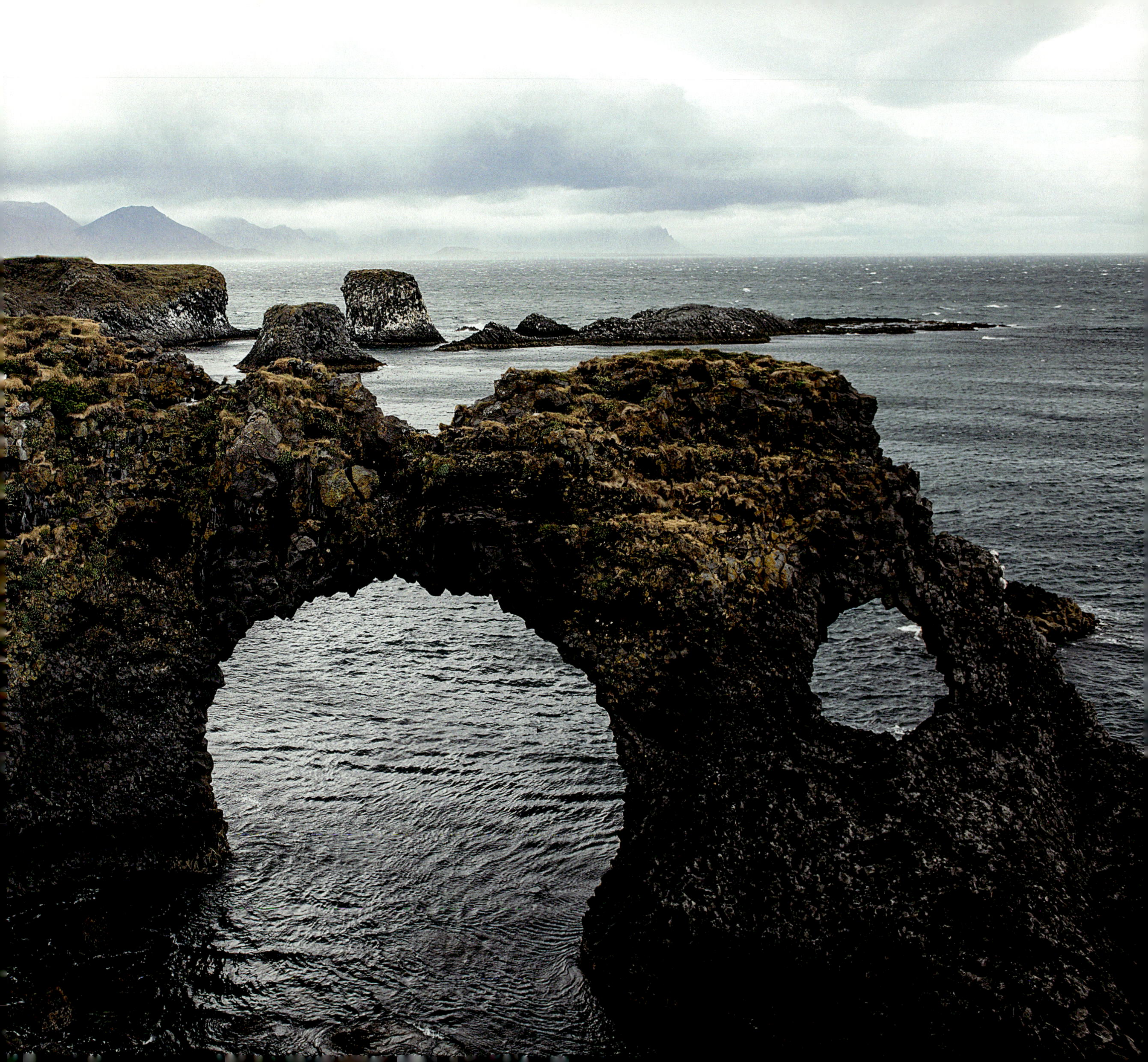

Nicht halbherzig sein, ganzherzig werden.

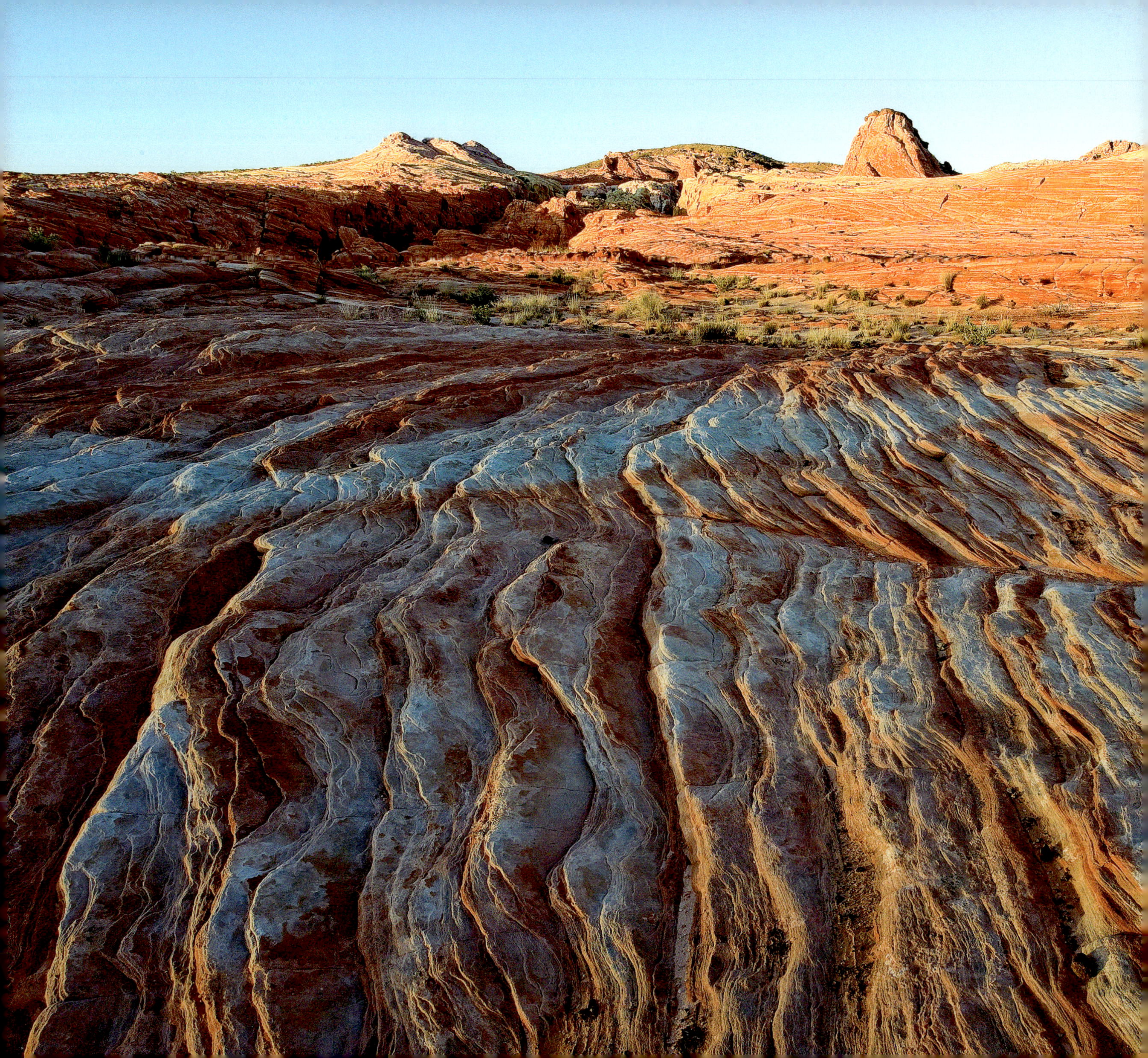

Die Welt ist ein großes Auge, das uns ansieht. Schauen wir mit Liebe zurück? Daran hängt alles.

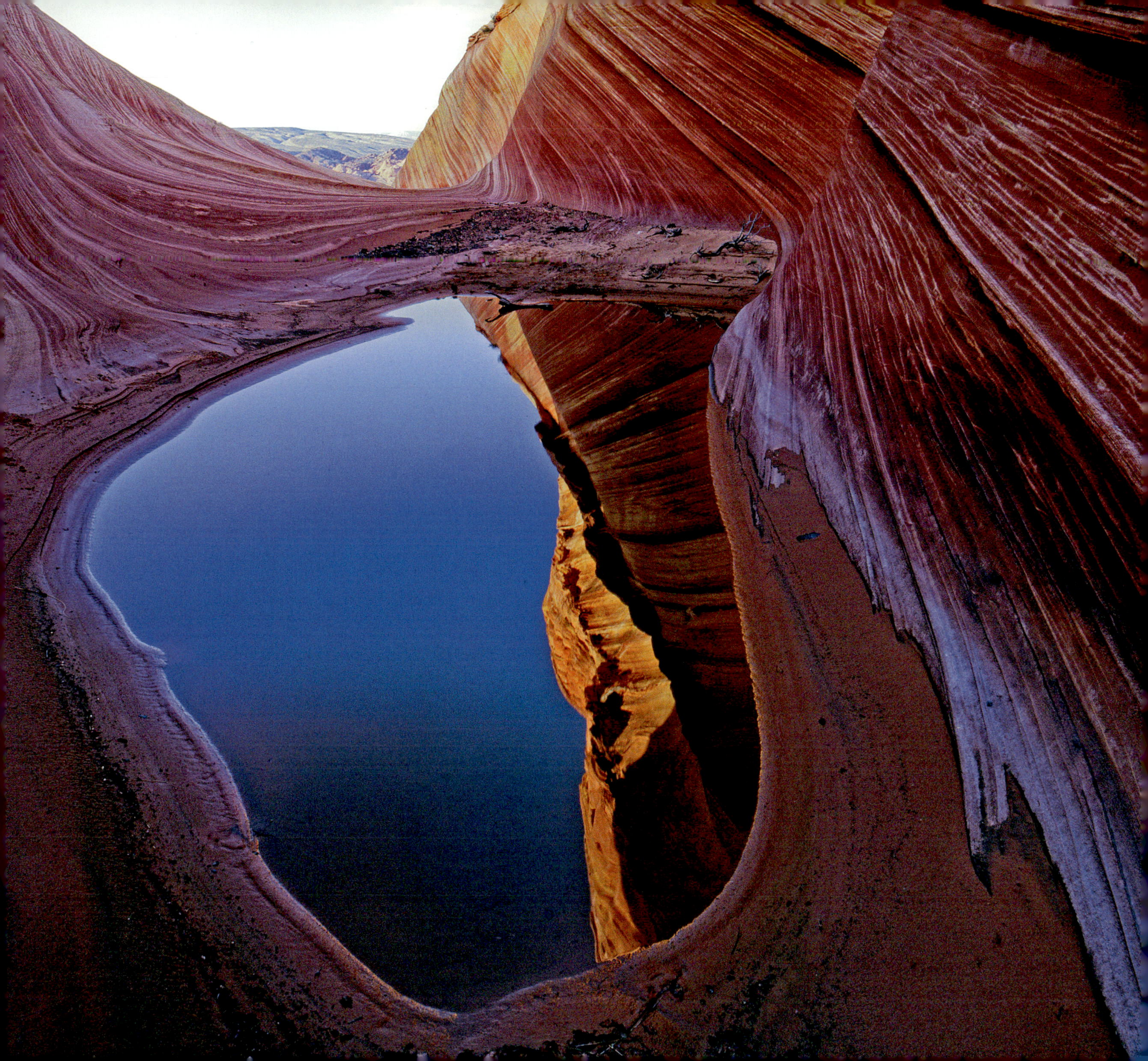

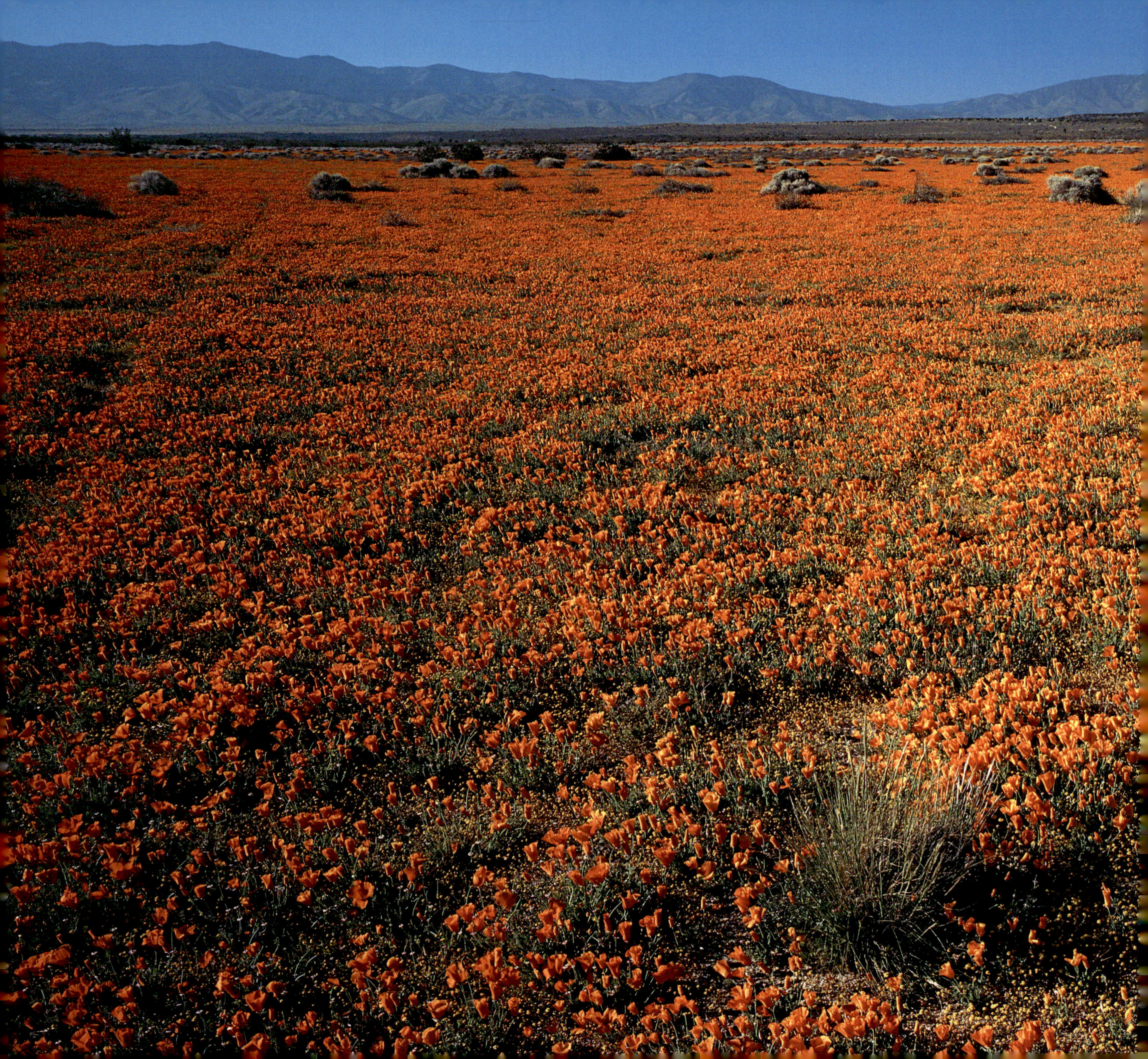

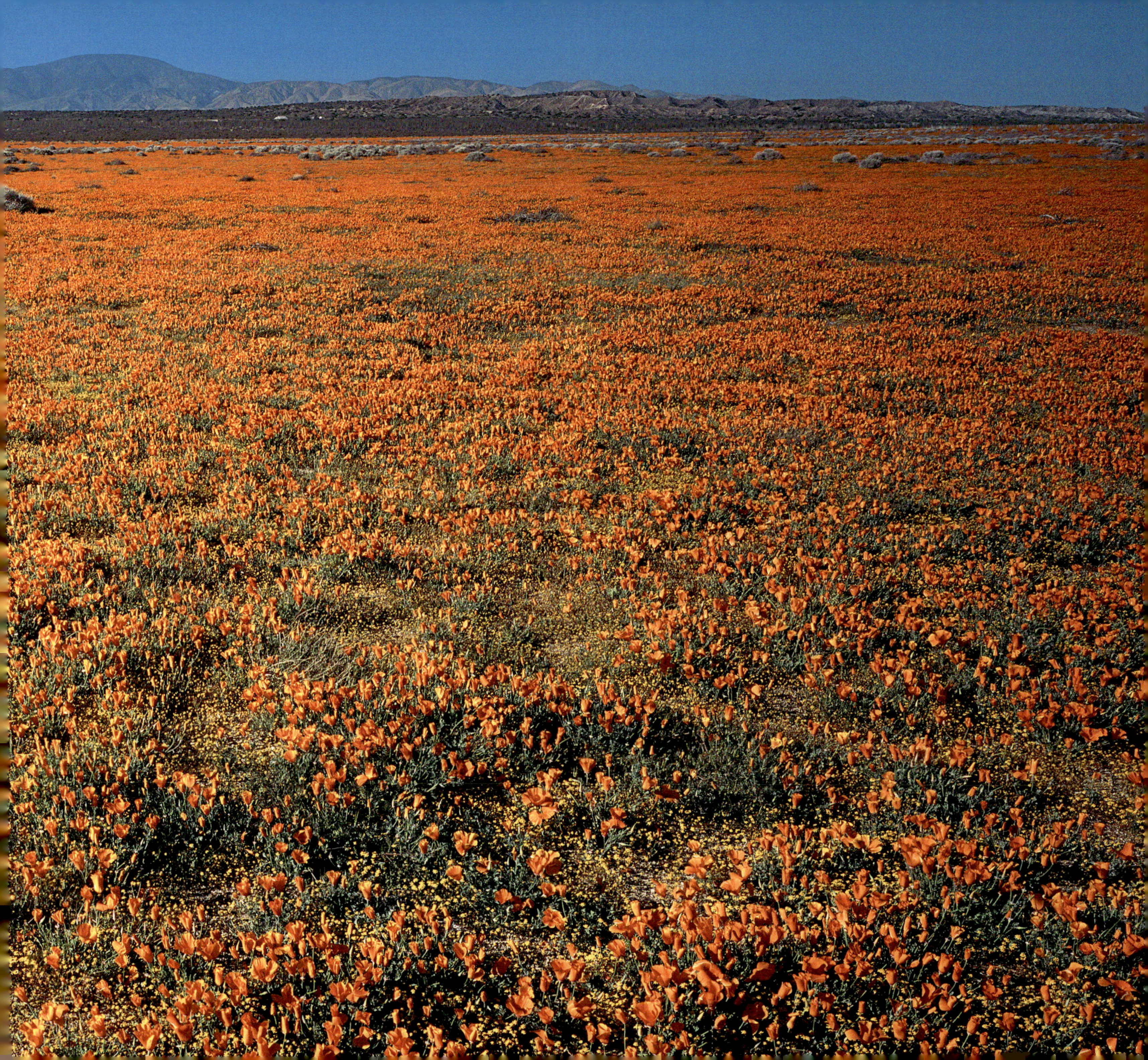

Besser in der Weite

verunsichert zu sein,

als in der Enge

zu ersticken.

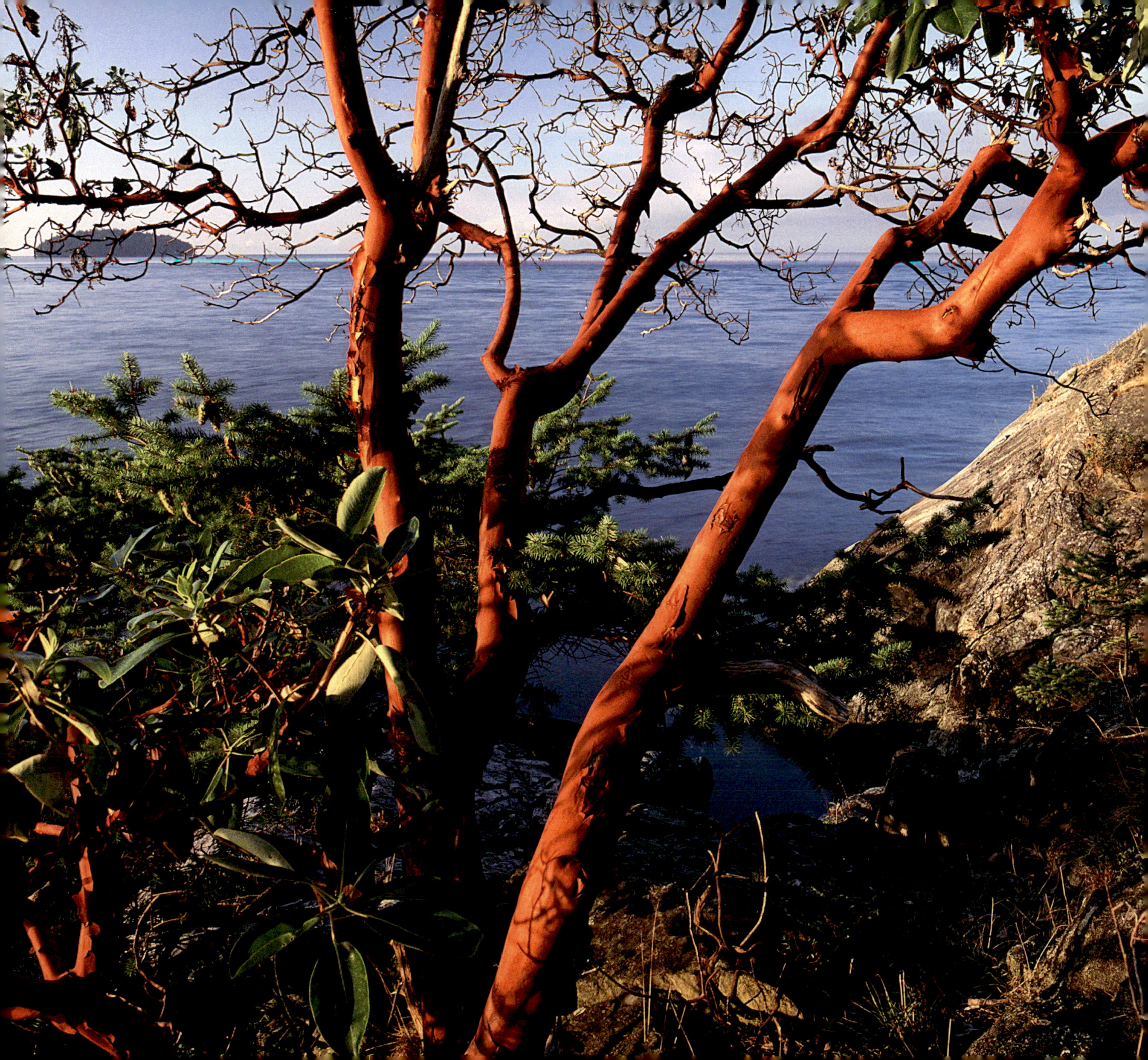

Wir entstehen in unserer Leidenschaft für das Leben.

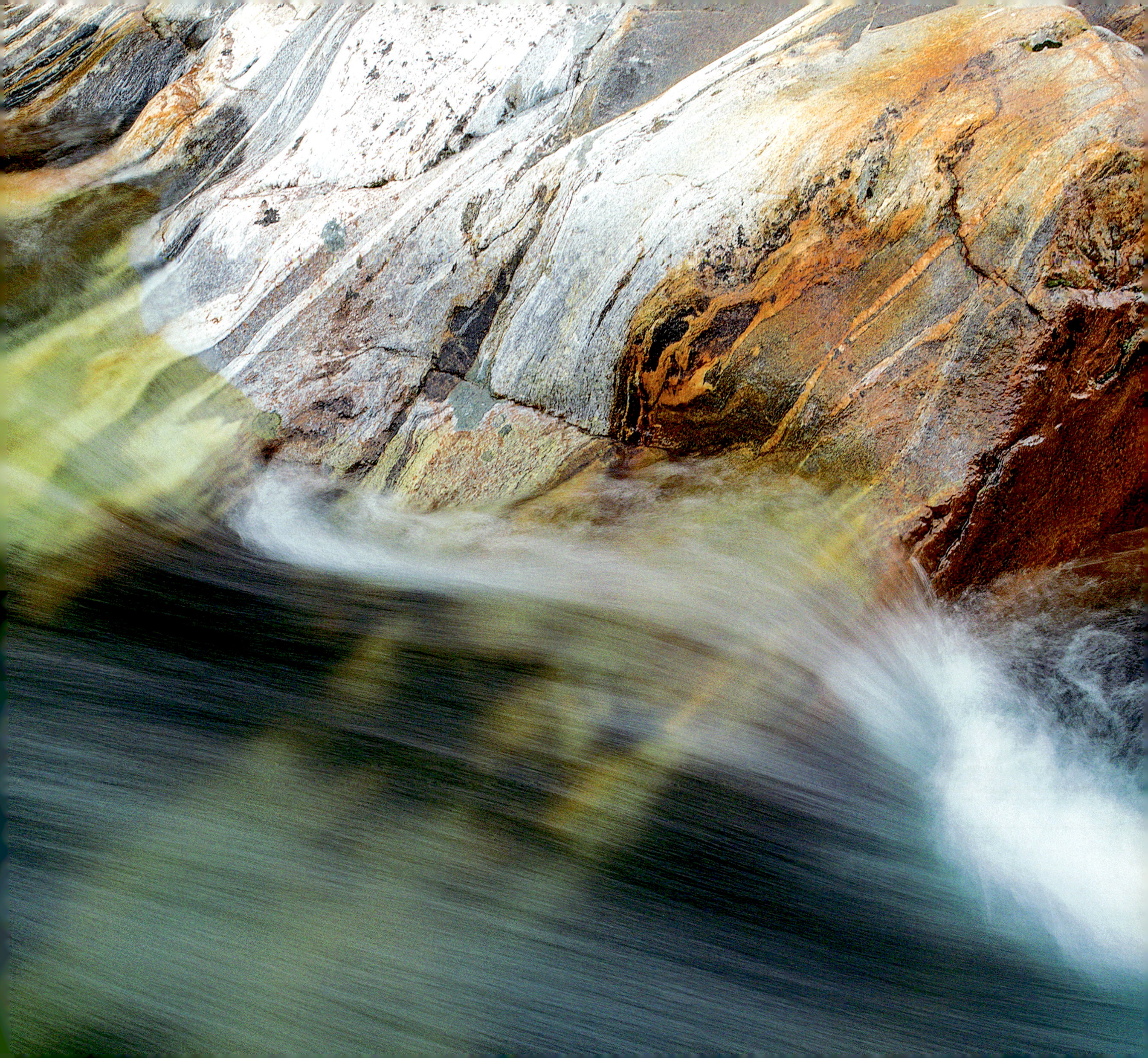

Anmerkungen zu den Fotografien

Antelope Canyon bei Page, Arizona.

Espen im Herbst gegen den Himmel, McClure Pass, Colorado, USA.

Blick von Gower Point in Gibsons, British Columbia, Kanada, auf Popham Island und die San Juan Islands in Washington State, USA.

Dakota Creek, bei Gibsons, British Columbia, Kanada.

Fuchsschwanz im Cariboo Gebiet von British Columbia, Kanada.

Stein bei Sonnenuntergang, Küste von British Columbia, Kanada.

Ein kleiner See im Inneren von Island.

Blitz über die Pasley Inseln und Keats Island vor der Küste bei Gibsons, British Columbia, Kanada.

Steine im Großen Salzsee in der Nähe von Salt Lake City, Utah.

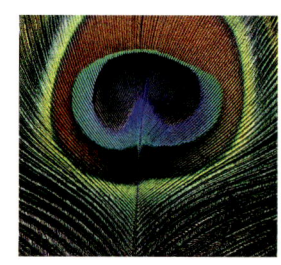

Eine Pfauenfeder ist eine Wunderwelt in sich.

Gemaserter Stein in den Bisti Badlands von New Mexico, USA.

Abalone Muschel, auch Seeohr und Meerohr genannt, die in fast allen warmen Meeren der Welt vorkommt.

Die Ausläufer des Großen Salzsees. Dies ist ein Gebiet mit Salzpfannen und Salzkrusten, Utah, USA.

Sandsteinformationen in der Nähe von Goblin Valley in Utah, USA.

Die Kobolde des Goblin Valley in der Nähe von Hanksville in Utah, USA.

Ein Panorama in der Wüste auf der Grenze zwischen Utah und Arizona, USA.

Brittlebush, encelia farinosa, vor einer roten Wand, Nevada, USA.

Durch Wind erodierte Steine, die fast perfekt rund geworden sind, Utah, USA.

Ein kurzes Stück des Little Wild Horse Canyons, Utah, USA.

Calf Creek Falls im Grand Staircase-Escalante National Monument in Utah, USA.

Felsenturm im Acadia National Park an der Atlantikküste von Maine, USA, nördlich von Boston.

Sonnenaufgang im Acadia National Park an der Atlantikküste im Bundesstaat Maine, USA.

Felsenturm im Pazifik mit zwei Möwen, bei Bandon, Oregon, USA.

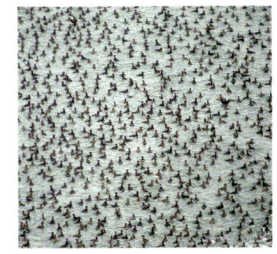

Scoters, melanitta americana, ein Art Meerente, Gibsons, British Columbia, Kanada.

Eine Spiegelung im Meer.

Sterbende Agave in der Wüste von Baja California, Mexiko.

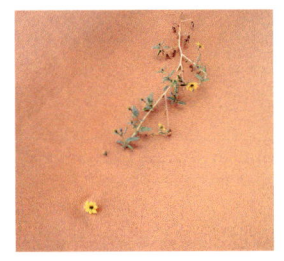

Von einer Düne teilweise zugedeckte wilde Sonnenblume, im Norden von Mexiko.

Espenwälder im Herbst, Utah, USA.

Lizard Lake, bei Marble. Colorado, USA.

Herbstfarben in New England, USA.

Raureif an einem kleinen Fluss in Bayern.

Erster Schnee auf Espen in den Bergen von Colorado, USA.

Bristlecone Pine, Grannenkiefer, in den White Mountains von Kalifornien, USA.

North Falls im Silver Falls State Park in Orgeon, USA.

Virgin River im Zion National Park, Utah, USA.

Der Nordatlantik an der Küste von Island südlich von Arnarstapi.

Kleiner Bach auf Vancouver Island, British Columbia, Kanada.

Vulkanischer Felsenbogen im Meer, bei Arnarstapi auf der Snaefellsness Halbinsel im Westen Islands.

Farbige Felsschichten im Valley of Fire State Park in Nevada, USA.

Spiegelung einer Steinformation auf dem Colorado Plateau, auf der Grenze zwischen Utah und Arizona, USA.

Kalifornischer Mohn in der Nähe von Lancaster, Kalifornien, USA.

Ein Erdbeerbaum an der Pazifikküste, bei Gibsons, British Columbia, Kanada. Im Hintergrund Popham Island.

Flusslauf der Verzasca, ein kleiner Fluss im Tessin in der Schweiz.

Lupinen in der Wüste von Baja California, Mexiko, an der Cortes-See.

Umschlag: Lupinenfelder im Redwoods National Park, Kalifornien, USA.

Ulrich Schaffer wurde 1942 geboren und ist mit zehn Jahren mit Eltern und Geschwistern nach Kanada ausgewandert. Studium in Vancouver und Hamburg. Dozent für europäische Literatur an einem College bei Vancouver. Seit 1981 freiberuflich Schriftsteller und Fotograf. Über 200 Publikationen mit einer Auflage von mehr als fünf Millionen haben ihn für viele zu einem langjährigen Begleiter gemacht.
Er ist die letzten 35 Jahre jedes Jahr wenigstens einmal zu Lesungen und Vorträgen nach Europa gereist.
Seit 1965 ist Ulrich Schaffer mit Waltraud verheiratet, sie haben zwei erwachsene Töchter, Kira und Zilya.
Er wohnt in Gibsons an der Küste von British Columbia, Kanada, nur mit einer Fähre zu erreichen.

www.ulrich-schaffer.com

Die Weite lieben
Sehnsucht nach dem Meer

Meisterhaft fängt Ulrich Schaffer in seinen Meerbildern die Stimmungen des Wassers und der Wolken ein. Mit Farben und Kontrasten, scharfen Linien und zarten Übergängen malt er die ungeheure Dynamik des Meeres. Und in seinen meditativen Texten spürt er der Bedeutung des Meeres für die Seele nach: der lebensspendenden Kraft, dem meditativen Rhythmus der Wellen und unserer Sehnsucht nach dem großen Ganzen, das sich nirgends so vollkommen zeigt wie im Meer.
80 Seiten, gebunden
ISBN: 978-3-451-32983-8